Dieter Rösel • Lockruf ferner Länder

DIETER RÖSEL

Lockruf ferner Länder

Reiseberichte und Reiseerlebnisse aus aller Welt

Bibliografische Information der Deutschen Nationalbibliothek
Die Deutsche Nationalbibliothek verzeichnet diese Publikation in der Deutschen Nationalbibliografie; detaillierte bibliografische Daten sind im Internet über
http://dnb.d-nb.de abrufbar.

Rheinstraße 46, 12161 Berlin
Telefon: 0 30 / 76 69 99-0
www.frieling.de

ISBN 978-3-8280-3652-9
1. Auflage 2020
Bildnachweise: Archiv des Autors
Umschlaggestaltung: Michael Beautemps

Printed in Germany

Inhalt

Vorwort	9
Unterkühlte Hochzeitsreise	10
Notlandung in Alabama	32
Florida lässt grüßen	35
Eine Seefahrt, die ist lustig …	38
Eine beängstigende Flugreise	41
Maultierritt in den Grand Canyon	47
Yosemite National Park	50
Yellowstone National Park	52
Black Hills	55
Reise in die Smoky Mountains	59
San Francisco und Umgebung	62
Denver und die Rocky Mountains	65
Urlaub in North Dakota	68
Wiedersehen in New Orleans	71

An Bord des „California Zephir“	74
Besuch einer historischen Stätte	79
Hill Aerospace Museum	80
Nationalparks im Süden Utahs	81
Salt Lake City	82
Spearfish in South Dakota	83
Hilfeleistung in einer Goldgrube	84
Passionsspiele in Spearfish	85
Mount Rushmore und Custer State Park	86
Washington, D. C.	87
Der Südwesten der USA (Arizona)	89
Reise zu den Mayas und Azteken	95
Erlebnisse auf der Iberischen Halbinsel	111
Reise mit dem Kegelklub „Ruhige Kugel“	118
Eine Reise ins ehemalige Feindesland	121
Eine Reise mit Alfons	130

Hawaii lässt grüßen	134
Eine Reise in die Westtürkei	137
Eine Reise zum Nordkap	143
Eine Kreuzfahrt mit der AIDAbella	146
Eine Reise nach Kanada	149
Eine Reise entlang der Seidenstraße	154
Eine Reise in den Mittleren Osten	180
Ein Hauch von Orient	202

Vorwort

Wohl wissend, dass sich meine Reiseerlebnisse nicht mit denen der großen Forschungsreisenden wie Marco Polo, Sven Hedin, Alexander von Humboldt oder Ibn Battūta messen können, komme ich jedoch nicht umhin, diese schriftlich festzuhalten und meiner Nachwelt zur Kenntnis zu geben. Die in der nachstehenden Autobiografie enthaltenen und der Wirklichkeit entsprechenden Episoden fußen auf Tagebuchnotizen und Erinnerungen. Orte und Namen wurden aus Gründen des Datenschutzes an einigen Stellen verändert. Bilder und Fotos entstammen meinem privaten Fotoarchiv.

Ich wünsche allen Leserinnen und Lesern viel Freude beim Lesen.

Dieter Rösel
Sankt Augustin, den 31.03.2020

Unterkühlte Hochzeitsreise

Jackson Square, im Herzen von New Orleans

Im Juni 1961 lernte ich in New Orleans als Angehöriger einer deutschen militärischen Dienststelle meine zukünftige Frau, Miss Judith Giesinger, kennen. Nach einer fast neunmonatigen Kennenlernzeit haben wir am 9. März 1962 in New Orleans geheiratet. Es gab keine große Feier. Familienangehörige konnten wegen der großen Entfernung nicht zur Hochzeit erscheinen. Dafür hatten wir uns vorgenommen, zumindest die Angehörigen meiner Frau in North Dakota schon in den kommenden Tagen zu besuchen. Dazu mussten wir bereits gleich am Tage nach der Trauung in Richtung North Dakota aufbrechen.

Die Reisevorbereitungen waren so weit abgeschlossen. Unser Plymouth war aufgetankt, Reifendruck, Kühlwasser, Ölstand überprüft, und die Koffer waren so gut wie gepackt. Beim Packen der Koffer hatte ich bemerkt, dass meine Frau sehr viel warme Kleidung darin verstaute. Auf meine etwas törichte

Frage, warum sie das tue, wo wir in New Orleans doch schon frühsommerliche Temperaturen hätten, antwortete sie: „Du kennst dich in unserem amerikanischen Klima nicht aus. In North Dakota herrscht noch tiefster Winter.“ Ich musste ihr im Nachhinein recht geben. Sie hatte vorausschauend geplant. Die Aussicht auf Winterlandschaften veranlassten mich dazu, meinen Bundeswehrparka nebst Winterunterwäsche und Kampfstiefel im großen Kofferraum des Fahrzeugs verschwinden zu lassen. Reservekanister mit Kühlwasser, Feldspaten, Taschenlampe und eine „Erste-Hilfe-Ausrüstung“ (auch gegen Schlangenbisse) gehörten bei mir zur Fahrzeuggrundausrüstung.

Am Samstag, dem 10. März 1962, starteten wir zu unserer Hochzeitsreise (Honeymoon) und damit gleichzeitig zur längsten und gefahrvollsten Autofahrt in meinem bisherigen Leben. Bei unserer Abfahrt lachte die Sonne von einem strahlend blauen Himmel. Die Azaleen blühten bereits auf dem Mittelgrundstück der Esplanade Avenue und das Thermometer zeigte 86 °Fahrenheit (ca. 27 Grad Celsius) an.

Ich hatte für die über 2.000 Meilen lange Strecke gut vier Reisetage eingeplant. Das waren 500 Meilen pro Tag. Ein paar Zweifler warnten uns und meinten, dass die lange Strecke im Sommer ohne Probleme zurückzulegen sei, aber Anfang März, wo sich der Winter im Norden des Landes meistens erst noch einmal so richtig austobe, bevor er dem Frühling das Feld überlasse, sähe die Sache schon anders aus. Unsere Begeisterung war einfach zu groß, als dass wir uns durch Unkenrufe von unserem Vorhaben abschrecken ließen. So traten wir die Reise an unter dem Motto: Wenn Engel reisen, lacht der Himmel!

Die Reiseroute führte von New Orleans über Baton Rouge, der Regierungshauptstadt von Louisiana, in Richtung Arkansas. Dort durchquerten wir die Ouachita Mountains. Wir werden den wunderschönen Frühlingstag nicht vergessen. Die Sonne lachte vom Himmel. Die Luft war klar und die für Louisiana typische hohe Luftfeuchtigkeit war wie weggeweht. In Fort Smith, an der Grenze zu Oklahoma, suchten wir uns ein preiswertes Motel zum Übernachten. Den umwerfend schönen Sonnenuntergang werden wir so schnell nicht vergessen.

Am zweiten Tag setzten wir die Fahrt in Richtung Kansas fort, um dort eine Tante meiner Frau, die in Manhattan wohnte, zu besuchen. Manhattan liegt etwa30 Meilen westlich von Topeka entfernt, der Regierungshauptstadt von Kansas. Auf dem Wege dorthin durchquerten wir die geheimnisvollen Ozark Mountains zwischen Arkansas und Missouri. Gegen Abend erreichten wir unser zweites Etappenziel, Manhattan, den Wohnsitz von Tante Agnes. Dort konnten wir auch übernachten und am darauffolgenden Tag unsere Fahrt fortsetzen. Vorher hatte uns Tante Agnes, die lustigerweise nur zwei Jahre älter ist als meine Frau, mit Marschproviant in Form von gebratenen Hähnchenkeulen versorgt. Diese gute Tat sollte sich im Laufe des Tages als sehr hilfreich erweisen.

Bei Fahrtantritt registrierten wir, dass der Himmel bedeckt war. Wir vermissten den strahlenden Sonnenschein wie an den Tagen zuvor. Die Landschaft war langweilig: kein Baum, kein Strauch, alles Felder bis zum Horizont.

Bis wir die Staatsgrenze zu Nebraska überquerten, verlief alles planmäßig. Wir lagen gut in der Zeit. Aber dann ging es los! Petrus hielt in Nebraska zur Begrüßung die Himmelsschleusen weit geöffnet. Es regnete so stark, dass ich die Fahrgeschwindigkeit reduzieren musste. So viele Tränen brauchten die lieben Engelchen unseretwegen nicht vergießen, dachten wir. Schließlich waren wir doch glücklich verheiratet.

Meine Frau (von nun an Judy) richtete mit leichtem Zweifel in der Stimme an mich die Frage, ob wir angesichts der widrigen Witterungsverhältnisse unser vorgesehenes Etappenziel an diesem Tage noch erreichen könnten. „Nur, wenn wir bis in die Nacht hineinfahren“, war meine Antwort. Wir hatten gehofft, bis zum Mittag das Schlechtwettergebiet hinter uns gelassen zu haben. Aber das Gegenteil war der Fall. Wir fuhren mitten in ein

Unwetter hinein Der Himmel verfinsterte sich mehr und mehr. Es kühlte stark ab und die Regentropfen verwandelten sich allmählich in Schneeflocken. Die Außentemperatur schwankte um den Gefrierpunkt. Es herrschte ein leichtes Schneetreiben. Der Schnee blieb schon liegen. Wir passierten gegen Mittag Lincoln, die Regierungshauptstadt Nebraskas. Auf eine Mittagspause hatten wir verzichtet, um so weit wie möglich voranzukommen in der Hoffnung, die Unwetterfront so schnell wie möglich hinter uns zu lassen. Stattdessen stießen wir mitten in das Zentrum eines ungeheuren Schneesturms (Blizzard). Das Schneetreiben wurde immer dichter. Es entstand eine merkwürdige Atmosphäre. Ringsum war alles so still und ruhig, kein Verkehr, kein Haus, außer uns keine Menschenseele weit und breit. Die Stille wurde nur vom Summen des Scheibenwischers unterbrochen.

Anfangs schien alles noch recht friedlich. Die Straße und die angrenzenden Felder waren in ein zartes weißes Kleid gehüllt. Man fühlte sich unwillkürlich in die Weihnachtszeit hineinversetzt, und es hätte uns gar nicht gewundert, wenn uns plötzlich der Weihnachtsmann im Rentierschlitten begegnet wäre. So fuhren wir stundenlang mit reduzierter Geschwindigkeit durch die Einsamkeit. Judy wurde das ganze Spiel unheimlich. Die stetig zunehmende Kälte und das verstärkt einsetzende Schneetreiben gaben ihr zu denken. Im Auto wurde es kontinuierlich kälter. Die Wagenheizung war schon ziemlich hochgestellt. Judy, die im Norden der USA aufgewachsen und mit den Tücken und Eigenarten des dort herrschenden Wetters vertraut war, sagte auf einmal: „Das sieht mir sehr nach einem Schneesturm aus." „Nun mal bloß nicht den Teufel an die Wand! So ein bisschen Schneesturm kann doch einen Seemann nicht erschüttern", gab ich ihr zur Antwort.

Um trübsinnige Gedanken zu verscheuchen, schaltete ich das Autoradio ein. Es ertönten warme, beruhigende Klänge, die uns in einen träumerischen Zustand versetzten. Plötzlich riss uns die unpersönliche Stimme des Ansagers im Radio mit einer „Warnmeldung an alle Autofahrer“ zurück in die Wirklichkeit. Es wurde ein Schneesturm ungeheuren Ausmaßes gemeldet, welcher sich mit großer Geschwindigkeit von den Rocky Mountains in östlicher Richtung auf die Ortschaft Grand Island zubewegte. Das waren immerhin noch gute 60 Kilometer westlich von unserem augenblicklichen Standort. Alsbald folgten Meldungen, demnach alle Straßenverbindungen westlich, nördlich und südlich nach Grand Island unterbrochen waren. Was nun? Umkehren kam nicht infrage, nach Osten auszuweichen bedeutete einen zu großen Zeitverlust und von Westen her näherte sich das Unwetter. Also gab es nur die eine Parole: Vorwärts nach Norden! Augen zu und durch! Bis dahin hatten wir nicht einmal die halbe Tagesstrecke zurückgelegt.

Am Nachmittag erreichten wir nach mühsamer Fahrt die Kleinstadt Columbus. Wir hielten an einer Tankstelle nicht nur, um zu tanken, sondern auch um das Kühlwasser mit einem Frostschutzmittel zu versehen und uns ein wenig zu stärken. Ich fragte den Tankwart, ob es ratsam sei, die Fahrt fortzusetzen. Er sagte nur, das müsse jeder selbst entscheiden. Er habe nur gehört, dass die Verbindung nach Norfolk stellenweise durch Schneewehen unterbrochen sei. Uns war klar, dass wir unser gestecktes Etappenziel, Yankton in South Dakota, nicht mehr erreichen würden. So wollten wir jedoch zumindest bis zur circa 75 Kilometer entfernten Stadt Norfolk in Nebraska kommen.

Das war leichter gesagt als getan. Wir waren uns bewusst, ein großes Risiko einzugehen. Schließlich hatten wir mit den Sommerreifen auf den Rädern unseres Plymouths geringe Chancen, einen Blizzard heile zu überstehen. Wir überlegten hin, wir überlegten her. Letztendlich siegten Sturm und Drang über die Vernunft. Während wir noch berieten, donnerte ein Greyhound-Bus an uns vorüber. Schnell sprangen wir ins Auto und hängten uns an den Bus. Er konnte für uns eine Fahrspur machen und als Schneepflug dienen, das war unser Gedanke. Bald merkten wir, dass wir das Tempo des Busses nicht einhalten konnten. So verloren wir ihn aus den Augen. Diese Busfahrer legen ja auch einen verwegenen Fahrstil an den Tag.

Nun befanden wir uns allein als einziges Fahrzeug auf einsamer Landstraße und waren dem Toben der entfesselten Elemente ausgesetzt. Das Heulen des Sturmes nahm ständig zu. Das Schneetreiben wurde immer heftiger und die Temperaturen sanken tiefer und tiefer. Die Fahrbahn war nicht mehr von den angrenzenden Feldern zu unterscheiden. Alles war eine einheitliche, weiße Fläche. Nur die Telegrafenmasten rechts und links der Fahrbahn dienten uns als Wegmarkierungen. Bald waren auch diese kaum noch zu erkennen. Mit jedem Kilometer, der uns nördlicher brachte, hatte ich das Gefühl, immer mehr in das Zentrum des Schneesturms hineinzugeraten.

Mittlerweile war die Dämmerung hereingebrochen und die Sicht war so schlecht, dass man keine zehn Meter weit mehr sehen konnte. Das Fahren wurde immer schwieriger. Ich musste in den ersten Gang herunterschalten und kämpfte mich mit 20 km/h Höchstgeschwindigkeit durch das Unwetter. Wir waren dankbar für jeden Kilometer, den wir ungeschoren vorankamen.

Bis Norfolk war es aber noch sehr weit. Meine Frau schaltete wieder das Radio ein, um den neuesten Lagebericht zu hören. Schon den ersten Sätzen des Sprechers konnten wir entnehmen, dass die rückwärtige Verbindung nach Columbus durch Schneewehen unterbrochen war. Das war eine schlechte Nachricht. Es gab also kein Zurück mehr. Wir hegten nur die bange Hoffnung, dass der Weg bis zur etwa 20 Kilometer entfernt gelegenen Ortschaft Madison noch frei war. Dort wollten wir dann übernachten und den nächsten Morgen abwarten. Das Heulen und Pfeifen des Sturmes steigerte sich inzwischen zum Inferno. Jetzt drückte er unseren Wagen schon von der Straße herunter und schob ihn in die beängstigende Nähe des mit dem Fahrbahnrand eine ebene Fläche bildenden, zugewehten Straßengrabens. Dann, plötzlich, passierte es! Zuerst spürten wir einen dumpfen Stoß, Schnee wirbelte hoch und nahm uns völlig die Sicht. Der Wagen drehte sich auf der vereisten und leicht abschüssigen Fahrbahn um die eigene Achse … einmal … zweimal … bis er stand. Judy wollte sofort hinaus, um zu sehen, was los war. Es ging nicht. Die Tür auf ihrer Seite war total vereist und zugefroren. Sie ließ sich nicht mehr öffnen. Auf meiner Seite war das gleiche Dilemma festzustellen. Das ist schon ein beängstigendes Gefühl, bei einem Schneesturm im Auto gefangen zu sein. Da kann Panik aufkommen! Nicht einmal die Scheiben ließen sich herunterkurbeln. Alles war vereist. Nur unter Anwendung größter Gewalt bekam ich die Tür an meiner Seite auf.

Beim Aussteigen versank ich gleich im tiefen Schnee. Was war geschehen? Ich war in eine Schneewehe, die sich nicht mehr vom übrigen Teil der Straße unterscheiden ließ, hineingefahren. Durch die Wucht des Aufpralls wurde das Hinterteil des Fahrzeugs herumgeschleudert und kam auf der anderen Straßenseite mit den Vorderrädern im Graben hängend zum Stehen. Zum Glück hatte sich ein Pkw mit drei Insassen, von uns unbemerkt, hinter uns befunden. Er war deshalb hinter uns hergefahren, weil seine Beleuchtung und seine Scheibenwischer nicht funktionierten. Die Rücklichter unseres Plymouths wiesen ihm den Weg. Im Augenblick des Unfalls hatte das andere Fahrzeug noch genügend Abstand und konnte rechtzeitig zum Stehen gebracht werden. Nach halbstündiger Arbeit gelang es uns, mit vereinten Kräften den Plymouth aus dem Schnee zu buddeln und in die richtige Fahrtrichtung zu schieben. Gott sei Dank sprang der Motor gleich wieder an. Wir bedankten uns bei unseren Helfern und setzten die Fahrt mit dem beruhigenden Gefühl fort, nicht mehr allein zu sein und das Fahrzeug unserer Helfer hinter uns zu wissen. Nach etlichen Kilometern, die nur noch im Schneckentempo zurückgelegt werden konnten, hatten wir unsere Helfer aus den Augen verloren. Vielleicht waren sie von der Hauptstraße zu einer nahe gelegenen Farm abgebogen oder auf der Strecke liegen geblieben.

Nun waren wir wieder allein auf weiter Flur. Wir kamen zu einem kleinen Hügel, auf dessen Kuppe sich zwei verrostete Zapfsäulen einer verlassenen Tankstelle befanden. Wir fuhren daran vorbei. Von hier aus konnten es höchstens noch 15 Kilometer bis Madison, unserem reduzierten Tagesziel, sein. Die Gegend wurde hügeliger. An manchen Steigungen drehten die Hinterräder durch, weil sie auf der vom Schnee überdeckten, vereisten Fahrbahn keinen Halt mehr fanden. So wurde das Fahren immer schwieriger, ich möchte sagen, fast unmöglich. Die Zahl der zu umfahrenden Schneewehen, die manchmal Kühlerhaubenhöhe erreichten, nahm kontinuierlich zu. Das Fahrzeug ließ sich kaum noch manövrieren. Die Lenkung, das heißt die Vorderräder, war zum Teil durch Schnee, der sich unter den Kotflügeln angesammelt hatte, blockiert. Dann kamen wir an eine größere Steigung, auf deren halber Höhe ein Sattelschlepper mit angehängtem Tieflader quer zur Fahrbahn stand und diese in voller Breite blockierte. Das Fahrerhaus hing mit den Vorderrädern bereits im Graben. Ich brachte unseren Plymouth zum Stehen und versuchte auszusteigen, um mir die Angelegenheit aus der Nähe zu betrachten. Kaum hatte ich die Wagentüre einen Spaltbreit geöffnet, als sie mir der Wind wieder zudrückte. Nach mehreren Versuchen gelang es mir, die Türe zu öffnen und geschwind auszusteigen. Ich stand noch nicht richtig mit beiden Beinen auf der Straße, da blies mir der Sturm die Beine unterm Leibe weg. Gott sei Dank bin ich auf einem gut gepolsterten Körperteil gelandet. Durch das Tosen des Sturmes, der inzwischen die Stärke eines Orkans angenommen hatte und anstelle von Schneeflocken nur noch scharfe Eiskristalle vor sich hertrieb, arbeitete ich mich bis zum Führerhaus des Lkw-Fahrers vor. Der Motor des Lkws lief noch und der Fahrer versuchte durch unermüdliches Vorwärts- und Rückwärtsrucken seinen Lastzug wieder flottzubekommen. Ich machte mich durch heftiges Winken mit den Armen bemerkbar. Er brüllte etwas zurück. Ich konnte nichts verstehen. Der Sturm nahm jedes Wort. Dann kletterte ich in das Führerhaus und fragte den Fahrer, ob er verletzt sei und Hilfe brauche. Er verneinte und gab mir den guten Rat umzukehren, denn Weiterfahren sei zwecklos. Er komme schon allein zurecht.

Umkehren – aber wohin? Ab jetzt begann die Lage dramatisch zu werden. Es gab nur noch eine Rettung, nämlich die einsame Tankstelle auf einer kleinen Anhöhe, von der nur noch zwei verrostete Zapfsäulen übrig geblieben waren. Die paar Meilen bis dorthin müssten doch zu schaffen sein, dachten wir. Nach einer umständlichen Kehrtwendung fuhren wir die gleiche Strecke wieder zurück. Es ging in der hügeligen Landschaft bergauf und bergab. Bei der Talfahrt erhielt der Wagen mehr Schuss, als er haben sollte. Größte Vorsicht war bei der Bedienung des Brems- und des Gaspedals geboten.

Als wir wieder eine Anhöhe hinunterfuhren – ich hielt das Fahrzeug auf der geschätzten Fahrbahnmitte –, tauchte plötzlich, wie aus dem Boden gewachsen, eine meterhohe Schneewehe auf. Infolge der „erhöhten" Geschwindigkeit (etwa 30 km/h) war ich nicht mehr in der Lage, noch rechtzeitig zu bremsen, und kam mit dem Wagen in einer ziemlich hohen Schneewehe zum Stehen. Vorderräder mitsamt der Kühlerhaube, fast bis zur Windschutzscheibe, waren in der weißen Masse eingetaucht. Die Sicht war gleich null. Versuche, den Wagen im Rückwärtsgang aus dem Schneeberg herauszuziehen, schlugen fehl. Die sommerbereiften Hinterräder (Antriebsräder) fanden keinen Halt und polierten nur die vereiste Fahrbahndecke spiegelblank. Jetzt blieb mir nichts anderes übrig, als den Plymouth wieder freizuschaufeln. Zu diesem Zwecke zog ich mir im einigermaßen warmen Auto dicke Wollsocken und die derben Kampfstiefel der Bundeswehr an. Mit einem Feldspaten bewaffnet, machte ich mich ans Werk und befreite zunächst die Kühlerhaube und die Seiten von der Last des Schnees. Ich weiß nicht, wie lange ich ohne den Bundeswehrparka mit dem wärmenden Vlies und der Kapuze bei dem tobenden Schneesturm, der einem den Atem nahm und die Eiskristalle ins Gesicht blies, in der eisigen Kälte außerhalb des Fahrzeugs ausgehalten hätte. Es herrschte eine gefühlte Außentemperatur von mindestens minus 20 Grad Celsius. Ich arbeitete sprichwörtlich im Schweiße meines Angesichts. Gesicht und Hände brannten wie Feuer, die Beine waren steif vor Kälte und in Füßen und Zehen hatte ich kein Gefühl mehr.

Trotz aller Anstrengung bewegte sich der Wagen nicht von der Stelle. Die Hinterräder drehten nach wie vor durch. Also blieb mir nichts weiter übrig, als zwei 15 Zentimeter breite Spurrillen unmittelbar hinter den Antriebsrädern in das circa zwei Zentimeter dicke Eis der Fahrbahn zu schlagen. Nach über einer halben Stunde war das Fahrzeug frei und ließ sich aus der Schneewehe herausziehen. Ich war total geschafft und benötigte erst einmal eine Verschnaufpause. So angenehm und wohltuend hatte ich die Wärme noch nie empfunden wie jetzt, als ich ins Wageninnere kroch.

Nach einer Dreiviertelstunde setzten wir die Fahrt fort. Die Dunkelheit war nun völlig hereingebrochen, obwohl es erst fünf Uhr nachmittags war. Trotz eingeschalteter Scheinwerfer war die Fahrbahn nicht mehr zu erkennen. Das dichte Schneetreiben nahm jegliche Sicht. Diesmal übernahm Judy das Steuer und ich stapfte einige Meter vor dem Fahrzeug durch den beinahe wadentiefen Schnee einher und wies ihr mit einer Stablampe durch Blinkzeichen den Weg. Das Fahren wurde durch die vereiste Windschutzscheibe, die nur noch einen schmalen Sehschlitz aufwies, zusätzlich erschwert.

Ich weiß nicht, wie lange es dauerte – mir erschien es wie eine kleine Ewigkeit –, ehe wir endlich die Stelle mit den alten Zapfsäulen, die wie zwei Denkmäler aus dem Boden ragten, erreichten. Hier gedachten wir die Nacht zu verbringen. Keine Menschenseele, kein Fahrzeug weit und breit! Dennoch fühlten wir uns im Windschatten der beiden Säulen sicherer als mitten auf freier Strecke, wo wir im Nu eingeschneit gewesen wären. Draußen tobte ein Inferno. Im warmen Auto machten wir es uns so bequem wie möglich. Warme Winterkleider und Decken wurden hervorgekramt und durchnässte Kleidungsstücke gewechselt. Dann schaltete ich das Radio ein und entlockte diesem einige heitere Klänge. Die Wagenheizung strahlte zu diesem Zeitpunkt noch eine behagliche Wärme aus und langsam kam wieder Leben in die steif gefrorenen Glieder. Nun verspürten wir auch Hunger. Judy holte ein Paar gebratene Hühnerkeulen aus der Truhe mit unserem Marschproviant hervor und ich kippte uns zwei kleine Becher Kirsch mit Rum ein, um uns auch von innen aufzuwärmen. Nun sah die Welt schon ganz anders, viel freundlicher aus. Die Musik, der gefüllte Magen, die wohltuende Wärme und nicht zuletzt der Alkohol gaben uns das Gefühl der Geborgenheit. Draußen tobten die Naturgewalten. Das infernalische Heulen des Sturmes sowie das dichte Schneetreiben wollten kein Ende nehmen. Windgeschwindigkeiten von über 100 km/h (70 Meilen in der Stunde) wurden im Radio angesagt. Die Temperaturen gingen immer weiter in den Keller (minus 25–30 Grad Celsius). Dagegen konnte auch die Wagenheizung nicht mehr ankommen. Der Plymouth war jedenfalls auf einer Seite total zugeschneit. An den Innenseiten der Fenster begannen sich Eisblumen zu bilden.

Ich ließ den Motor so lange laufen, bis der Kraftstoffvorrat bis auf ein Viertel der Tankfüllung aufgebraucht war. Dann wurde der Motor abgestellt. Radio und Heizung wurden ebenfalls ausgeschaltet, um die Batterie zu schonen und genügend Energie für Notfälle bzw. für einen Startvorgang zur Verfügung zu haben. Allmählich kroch die Kälte, angefangen an den Füßen, an unseren Gliedern hoch. Die Unterhaltung verstummte. Wir verfielen in eine Art Dämmerzustand. Nur wenn die Kälte zu aggressiv wurde, massierten wir uns gegenseitig Hände und Füße, um das Blut in Zirkulation zu bringen. So saßen wir in einem selbst gewählten Gefängnis und fragten uns, wie lange wir wohl hier würden ausharren müssen: Eine Nacht, ein paar Tage oder sogar eine Woche, bis ein Schneepflug uns entdecken würde? Merkwürdigerweise kam in dieser prekären Situation keine Panik bei uns auf. Obwohl wir völlig allein und hilflos in der unendlichen weißen Einsamkeit gestrandet waren, hatten wir das Gefühl, nicht allein zu sein, sondern dass jemand unsichtbar um uns war. Irgendwie fühlten wir uns geborgen und beschützt, waren voller Hoffnung und der festen Überzeugung, dass wir vielleicht mit einem blauen Auge aus dieser schlimmen Lage herauskommen würden. Die Nacht senkte sich über die Landschaft von Nebraska. Wir wurden sehr müde und fielen in einen tiefen Schlaf.

Wie in einem Traum hörte ich ein ständiges Klopfen. Ich machte einen kurzen Atemzug und fiel wieder in den Schlaf. Das Klopfen hörte jedoch nicht auf. Das Klopfen und Hämmern kam vom Autodach. Auch an eine Scheibe wurde geklopft. Allmählich kam ich zu mir. Jetzt wurde mir die Situation wieder bewusst, in der wir uns befanden. Im Wagen herrschte ein diffuses Licht, das durch die vereisten Scheiben ins Wageninnere drang. Wie spät mochte es wohl sein? Der Zeiger meiner Uhr zeigte auf halb eins des nächsten Tages. Demnach war es um die Mittagszeit. Ich versuchte, mich aufzurichten, was mir im ersten Anlauf nicht gelang. Körper und Glieder waren richtig steif. Als Nächstes weckte ich Judy. Sie stieß einen Freudenschrei aus. Wir lebten noch! Dann versuchte ich die Wagentür zu öffnen. Unmöglich! Auch die Fensterscheiben ließen sich nicht bewegen. Beinahe hätte ich den Griff von der Kurbel abgebrochen. Jetzt kam doch ein wenig Panik auf. Wir waren lebendig gefangen! Mit ganzer Kraft stemmte ich mich mindestens ein Dutzend Mal gegen die Autotür, bis sie krachend aufsprang. Ein Haufen Schnee polterte in den Wagen. Beim Öffnen musste ich zuerst mit der Tür den vorgelagerten Schnee wegschieben. Ich kroch mehr oder weniger aus dem Wagen und taumelte auf die Fahrbahn, die mir geglättet erschien und tiefe Reifenspuren aufwies. Das konnte nur ein Schneepflug gewesen sein, dachte ich mir. Es war bitterkalt, aber es schneite kaum noch.

Ich schritt auf die Fahrbahnmitte und schaute mich nach allen Seiten um. In einigen Hundert Metern Entfernung sah ich ein Gebilde, das wie ein Schneepflug aussah. Männer waren auf dem frei gemachten Weg. Ich winkte. Sie winkten zurück. Dann ging ich auf sie zu. Sie starrten mich an wie jemanden, der von einem anderen Stern kommt. Sie fragten mich, wo ich eigentlich herkomme. Ich sagte, aus dem Auto bei den Zapfsäulen. Dann schüttelten sie den Kopf und sagten: „Das kann nicht sein! Da das Fahrzeug ringsherum eingeschneit war, sind wir direkt vom Pflug auf das Autodach gestiegen und haben auf das Dach geklopft. Anschließend haben wir das Fahrzeug an der Straßenseite vom Schnee befreit, um durch die Fenster schauen zu können. Die waren aber von innen vereist, sodass man nicht hineinsehen konnte. Als auf unser Klopfen keine Reaktion erfolgte, sind wir weitergefahren." Ich erklärte den Männern in kurzen Zügen unsere Odyssee, die am Nachmittag zuvor begonnen hatte. Dann sagte einer von ihnen: „Ihr habt wirklich einen Schutzengel gehabt!" In der vom Blizzard heimgesuchten Region seien in der vergangenen Nacht 14 Personen in ihren Fahrzeugen erfroren. Auf unsere Frage, wie wir auf kürzestem Wege zu einem menschlichen Anwesen kommen könnten, sagten sie, dass es einige Meilen westlich der Hauptstraße, auf der wir uns befanden, eine winzige Ortschaft namens Humphrey gebe. Sie würden uns dorthin mit dem Schneepflug einen Weg bahnen. Dort könnten wir bleiben, bis der Schneesturm endgültig vorüber und die Highways wieder befahrbar seien. Hier erfuhren wir wieder einmal die große Hilfsbereitschaft der Amerikaner. Wir bedankten uns ganz herzlich mit einer Flasche Likör (Kosakenkaffee), die wir noch in der Vorratstruhe hatten. So waren wir ganz knapp dem Tode entronnen.

Die Ortschaft Humphrey hatte circa 200 Einwohner und bestand etwa aus einem Dutzend Häusern. Darunter befanden sich eine Tankstelle mit angegliederter Reparaturwerkstatt (was für uns wichtig war), ein sogenanntes Café, in dem man auch kleine Mahlzeiten einnehmen konnte, ein General Store (Kaufladen) und ein Rooming House (Pension). Gott sei Dank war in dem Haus noch ein Zimmer für uns frei. Es war gemütlich eingerichtet und gut beheizt. Der Preis für eine Übernachtung betrug, man höre und staune, ganze viereinhalb US-Dollar. Das war die preiswerteste Übernachtung in unserem Leben!

Als Erstes brachten wir unseren Plymouth in die Werkstatt und ließen auf den Antriebsrädern Schneeketten aufziehen. Unsere Hoffnung, die Reise am nächsten Tag in Richtung South Dakota fortsetzen zu können, wurde jäh getrübt, als es im Radio hieß, dass die Strecke nach Norfolk noch von hohen Schneemassen blockiert sei und Schneefräsen sowie Schneepflüge bereits Tag und Nacht im Einsatz seien. An einer besonders hart vom Schneesturm betroffenen Stelle habe eine Schneefräse zwölf Stunden gebraucht, um die Fahrbahn von gut drei Meter hohen Schneewehen auf einer Länge von fast einer Meile Länge frei zu machen.

Am darauffolgenden Tag hatte es aufgehört zu schneien. „Klarer Himmel und bittere Kälte“, vermerkten wir in unserem Tagebuch. Der Highway in Richtung Norfolk war noch immer zu. Unsere Reise konnten wir erst am dritten Tag unseres unfreiwilligen Aufenthaltes fortsetzen.

Es war ein klarer, frostiger Wintermorgen. Unter dem Gerassel der Schneeketten stieben wir wie ein kleiner Panzer mit einer Höchstgeschwindigkeit von 30 km/h durch die verschneite Landschaft. In einiger Entfernung sichteten wir ein größeres Fahrzeug. Als wir näher kamen, erkannten wir einen Schneepflug, der die Fahrbahn vom Neuschnee befreite. Es hatte nämlich in der vergangenen Nacht wieder geschneit. Nun waren wir leider gezwungen, unser flottes Tempo zu drosseln und uns dem Tempo des Schneepflugs anzupassen; denn es war nur eine benutzbare Fahrspur vorhanden, nämlich die des Schneepflugs. Also tuckerten wir stundenlang hinter dem Schneepflug her.

Wir kamen an meterhohen Schneebergen vorbei, die eine Schneefräse am Vortag aufgetürmt hatte. Bei Norfolk bekamen wir ebenfalls die riesigen Schneewehen zu Gesicht, von denen bereits über den Rundfunk berichtet worden war. Endlich, nach einer anstrengenden, fünfstündigen Fahrt, erreichten wir zusammen mit dem Schneepflug die Grenzstadt Yankton in South Dakota. Dort machten wir Rast in einem Schnellimbissrestaurant, um uns zu stärken. Ich hatte Appetit auf Bratkartoffeln mit Spiegelei. An Judys Bestellung kann ich mich nicht mehr erinnern. Von der Kellnerin und auch von einigen anderen Gästen wurden wir gefragt, woher wir kommen, weil wir so verfroren aussähen. Als wir sagten, dass wir aus Humphrey, südlich von Norfolk gelegen, gekommen seien, wollte man uns das nicht glauben. „Das ist unmöglich! Die Strecke ist schon seit Tagen gesperrt“, erhielten wir zur Antwort. Als wir erklärten, dass wir direkt hinter dem Schneepflug, der soeben in Yankton eingetroffen sei, hergefahren seien, ernteten wir bewundernde Blicke. Hier erfuhren wir unter anderem, dass dem Schneesturm viele Rinder auf den Weiden zum Opfer gefallen seien. Viele von ihnen waren infolge zugefrorener Atemwege (Nüstern und Maul) erstickt und anderen waren die Euter abgefroren.

Bald darauf ging es weiter in Richtung Norden. Nun wurden die Straßenverhältnisse besser. Man konnte schon wieder etwas flotter fahren. Nach einer 600 Kilometer langen Reise erreichten wir am späten Abend sichtlich erschöpft Aberdeen in South Dakota. Nach einem tiefen, festen Schlaf sowie einem ordentlichen Frühstück waren wir am nächsten Morgen zu neuen Unternehmungen bereit.

Als wir vor Fahrtantritt einen Blick auf unsere Reifen warfen, bekamen wir einen Schreck. Die Ketten hatten an den Hinterrädern die Reifendecke bis auf die Karkasse durchgescheuert.

So konnten wir unmöglich weiterfahren. An einer Tankstelle konnten wir die Ketten abnehmen und die abgenutzten Reifen durch neue ersetzen lassen. Das war natürlich eine unvorhergesehene Ausgabe, die unsere Urlaubskasse ordentlich strapazierte. Ab Aberdeen waren die Überlandstraßen schnee- und eisfrei, sodass wir zügig fahren konnten.

Endlich am Ziel

Am Nachmittag erreichten wir unser Endziel: Mandan bei Bismarck in North Dakota. Die beiden Städte Mandan und Bismarck liegen sich direkt gegenüber und sind durch den Fluss Missouri voneinander getrennt. Die Familie Ralph und Ida Giesinger bereitete uns einen herzlichen Empfang. Judy sah ihre Angehörigen nach vielen Monaten wieder. So lernte ich auch meine Schwiegereltern sowie Judys Brüder Dennis, Larry und Eldon kennen und sie konnten endlich Judys deutschen Ehemann kennenlernen. Bedingt durch den Blizzard und dem damit verbundenen unfreiwilligen Aufenthalt in Humphrey war unsere weitere Planung durcheinandergeraten. Daher waren wir leider gezwungen, unser Besuchsprogramm bei der weitläufigen Verwandtschaft zu kürzen. Der Besuch bei Judys Großeltern (mütterlicherseits) in der 120 Kilometer westlich von Mandan gelegenen Ortschaft Hazen war ein Muss. Die Großeltern Philip und Emma Morast hatten uns schon erwartet. Auch hier wurden wir wieder herzlich empfangen. Die Großeltern (väterlicherseits), Margret und Konstantin Giesinger, waren bereits in den 1950er-Jahren verstorben. Ich hatte das Gefühl, dass Großvater Morast ein wenig enttäuscht war, als er meiner ansichtig wurde. Vermutlich hatte er einen echten Germanen, wie er im Bilderbuch steht, erwartet: groß, blond und blauäugig. Damit konnte ich ihm leider nicht dienen. Ich war genau das Gegenteil: mittelgroß, braunhaarig und braunäugig.

Wir kamen schnell miteinander ins Gespräch. Dabei stellte sich heraus, dass die Siedler, die überwiegend aus dem Schwabenland stammten, sich in der zweiten Hälfte des 19. Jahrhunderts westlich des Missouris in North Dakota niedergelassen hatten. Sie kamen als Neusiedler in den Genuss des von der amerikanischen Regierung erlassenen **Homestead Acts**, das heißt, sie erhielten vom Staat unentgeltlich ein 160 Acre (ca. 65 Hektar) großes Stück Land zugewiesen, mit der Auflage, dieses urbar zu machen und fünf Jahre lang zu bewirtschaften. Danach ging es in den Besitz des Siedlers über. Sparsam und fleißig wie die Schwaben nun einmal sind, hatten sie im Laufe von Jahrzehnten ein Mehrfaches an Ackerland hinzugekauft. Nun mussten die enormen Flächen auch genutzt und bewirtschaftet werden. Dies geschah dadurch, dass möglichst viele Kinder gezeugt wurden, die in der Landwirtschaft eingespannt werden konnten. Daher ist es nicht verwunderlich, dass die Farmer damals selten weniger als ein Dutzend Kinder hatten.

Im Verlaufe der Gespräche stellte sich ferner heraus, dass Judys Ahnen wesentlich früher, in der zweiten Hälfte des 18. Jahrhunderts, von der russischen Zarin Katharina II., auch Katharina die Große genannt, als freie Bauern unter Zusage von Privilegien, wie Befreiung vom Wehrdienst, Steuer- und Abgabenbefreiung, ins zaristische Reich gerufen worden waren. Nach Vertreibung der osmanischen Besatzer hatte man ihnen die Krim als Siedlungsraum zugewiesen. Unter Katharinas Nachfolgern wurden jedoch alle Privilegien aufgehoben, was daraufhin die dortigen Siedler veranlasste, das Land wieder zu verlassen und über Deutschland in die Vereinigten Staaten von Amerika auszuwandern. Deren Ausschiffung erfolgte über Bremen nach New York und von dort aus ging es über Chicago in großen Trecks in das von Indianern unfreiwillig aufgegebene Gebiet am Missouri.

Unsere Unterhaltung erfolgte teils in Englisch, teils in Deutsch, das heißt Schwäbisch, oder besser gesagt, in Altschwäbisch. Zwischendurch wechselten Judy und ich einige Worte in Hochdeutsch. Unser Hochdeutsch konnten die Großeltern nur mit Mühe verstehen, was den Großvater veranlasste, Judy zu fragen: „Judy, sag mal, spricht dein Mann kein richtiges Deutsch?“ Es folgte ein allgemeines Gelächter.

Einmal begleitete ich Großvater Morast zu den Getreidesilos an den Ortsrand von Hazen. Wie Philip Morast waren die meisten Einwohner Hazens Farmer. Es wurde damals fast ausschließlich Weizen angebaut. Am Silo traf der Großvater Nachbarn. Man unterhielt sich in schwäbischer Mundart, die mit etlichen englischen Ausdrücken gespickt war. Für die neuzeitlichen, hauptsächlich technischen Begriffe gab es nämlich keine passenden schwäbischen Wörter.

Nun war es an der Zeit, weitere Verwandte zu besuchen. Es ging zu Onkel Edward und Tante Rose Giesinger. Auch dort wurden wir herzlich empfangen. Sie hatten ebenfalls wie Philip und Emma Morast ein Haus in Hazen. Nur zur Feldbestellung und zur Ernte begab man sich hinaus auf die Farm. In Deutschland kann man sich einfach keine Vorstellung von der Größe der Felder machen. Nicht selten nehmen sie die Fläche einer europäischen Kleinstadt ein. An einem der Tage war bei Großvater Morast Schlachttag. Da habe ich mich mit großem Eifer an der Herstellung von „summer sausages“, eine Art Salami, beteiligt.

Wir mussten noch gut ein Dutzend Verwandtenbesuche über uns ergehen lassen. Alle wollten Judys deutschen Ehemann sehen. Da fällt mir gerade eine nette Episode ein: Einen Tag vor unserer Abreise aus North Dakota wollte ich unbedingt eine Indianerreservation besuchen. Eine Autostunde von Mandan entfernt liegt die **Standing Rock Indian Reservation.** Also machten Judy und ich uns auf den Weg dorthin. Wir hielten in der kleinen Ortschaft Selfridge, die ziemlich im Zentrum der Reservation liegt. Ich hoffte, noch echte Sioux-Indianer, wie man sie in Wildwestfilmen sieht, zu Gesicht zu bekommen. Ich muss gestehen, ich war enttäuscht. Weder Indianer, wie sie sich die Europäer vorstellen, noch Mustangs noch typische Indianerzelte (Tipis) waren zu sehen. Da es an diesem Tage recht kühl war, hatte ich die warme Luftwaffenuniform angezogen. Wir stiegen aus dem Auto und bewegten uns auf ein größeres Gebäude zu. Es war das Postamt, wie sich herausstellte. In einiger Entfernung kamen uns zwei männliche Gestalten entgegen. Sie trugen Jeans. Einer von ihnen trug einen Hut und der andere eine Baseballkappe. Es konnten Vater und Sohn gewesen sein. Beim Näherkommen waren sie an ihrer kupferfarbenen Haut und an den Gesichtszügen eindeutig als Indianer zu erkennen. Als wir mit ihnen auf gleicher Höhe waren, grüßten wir mit einem „Hello". Sie grüßten zurück und blieben stehen. Wir hielten ebenfalls an. Als wir uns lange genug gemustert hatten, sprach uns der Ältere von ihnen an und erkundigte sich nach unserer Herkunft. Ich sagte zu ihm, er möge bitte raten. Nach kurzer Pause sagte der Jüngere, er möchte wetten, dass wir aus Germany kommen. Wir waren ganz verdutzt. Wie konnte er das wissen?, fragten wir uns. Wie war es so ohne Weiteres möglich, uns mitten in der Prärie als Deutsche zu identifizieren? Auf meine Gegenfrage, woran man uns erkannt habe, erklärte uns der Jüngere von ihnen, dass meine Uniform uns verraten habe. Er sei sofort in der Lage gewesen, meine Uniform eindeutig als deutsche Luftwaffenuniform zu identifizieren. Aus der kurzen Unterhaltung, die wir miteinander hatten, ging hervor, dass er während seiner Militärzeit einem amerikanischen Aufklärungsbataillon in der Nähe von Stuttgart angehört habe. Wie zur Untermauerung seiner Angaben sagte er dann in einem typisch schwäbischen Dialekt: „I kenn deitsch lese und schreibe a bisli." Das war einfach umwerfend! Insofern hatte sich der Abstecher nach Selfridge gelohnt.

Die Zeit verging sehr schnell, fast zu schnell. Zum Abschied veranstalteten Philipp und Emma Morast ein Abschiedsessen, zu dem auch die ganze Verwandtschaft eingeladen war. Zur Feier des Tages musste ich in der Ausgehuniform der deutschen

Luftwaffe erscheinen. Das machte Eindruck! Dann kam die Zeit des Abschieds. Es flossen, wie konnte es auch anders sein, auf beiden Seiten jede Menge Tränen.

Die Rückreise

Bei unserer Abreise herrschte mildes, fast frühlingshaftes Wetter. Für die Rückfahrt wählten wir nicht die gleiche Route, die wir auf der Hinreise genommen hatten, sondern hielten uns weiter östlich, um nicht erneut in das Schneechaos von Nebraska hineinzugeraten. Aber auch diese Route war nicht ohne Überraschungen. Im zügigen Tempo ging es von Mandan in östlicher Richtung über Bismarck bis Jamestown. Dort schwenkten wir nach Süden ein und erreichten nach mehrstündiger Fahrt Mitchell in South Dakota. Danach erfolgte ein Schwenk nach Osten bis Sioux Falls, um von dort aus wieder in südlicher Richtung die Reise fortzusetzen. Schließlich landeten wir in Sioux City im Staat Iowa, wo wir in einem Motel die Nacht verbrachten. Unterwegs stellten wir fest, dass sich die Kühlwassertemperatur des Motors im oberen Bereich bewegte. Das verhieß nichts Gutes.

Am nächsten Morgen ging es weiter nach Süden immer am Ostufer vom Missouri entlang. Auf der Höhe von Council Bluffs machten wir die erste unangenehme Bekanntschaft mit den Auswirkungen des Schneesturms, der sich vor gut einer Woche im Osten Nebraskas an der Grenze zu Iowa und Missouri zugetragen hatte. Durch ein plötzliches und sehr intensiv einsetzendes Tauwetter waren viele Flüsse in den Staaten Nebraska, Iowa und Missouri über die Ufer getreten und hatten weite Landstriche überflutet. Wichtige Verkehrswege standen unter Wasser. So viele Umleitungen wie auf dieser Strecke hatten wir noch nie in Kauf nehmen müssen. Die Ausweichrouten verliefen stufenweise von West nach Ost und dann wieder von

Ost nach Süd, um wieder erneut nach Osten und dann wieder nach Süden abzudrehen. Manchmal hatten wir das Gefühl, riesige Seen zu durchfahren, die nur durch einen Highway, wo das Wasser schon an den Fahrbahnrand schwappte, voneinander getrennt waren.

Östlich von Kansas City erlebten wir eine ziemlich kritische Situation, als wir den Missouri überquerten, der hier einen scharfen Knick nach links, das heißt nach Osten macht, um später bei St. Louis in den Mississippi zu münden. Die Fluten und die starke Strömung hatten die Brückenpfeiler komplett umspült. Sie waren bereits bei der Anfahrt zur Brücke nicht mehr zu sehen. Die ungeheuren Wassermassen zwängten sich dicht unterhalb der Fahrbahn hindurch. Wir befuhren die Brücke mit einem mulmigen Gefühl. Eigentlich hätte sie längst gesperrt sein müssen. Jedenfalls machten wir drei Kreuze, als wir sie passiert hatten.

In Joplin, im Staat Missouri, an der Grenze zu Kansas, beschlossen wir die Reise für den Tag zu beenden und uns von den Strapazen zu erholen. Wie üblich schalteten wir das Autoradio ein, um die Nachrichten des Tages zu hören. Als Erstes wurde über den Einsturz derselben Brücke berichtet, die wir wenige Stunden zuvor passiert hatten! Die Pfeiler hatten dem Druck der Wassermassen nicht mehr standgehalten und die Fahrbahn mitsamt den darauf befindlichen Fahrzeugen in die Tiefe gerissen. Wieder einmal waren wir knapp dem Tode entronnen.

Am nächsten Morgen setzten wir die Reise gut ausgeruht fort. Wir fuhren durch die Ozark und Ouachita Mountains bis nach Hot Springs im schönen, waldreichen Staat Arkansas. Hier atmeten wir Frühlingsluft und entschieden uns, für den Rest des Tages zu bleiben und auch zu übernachten.

Ich erinnere mich, dass wir auf unserer Reise durch Arkansas eine Fahrt mit einem Amphibien-Lkw auf dem Lake Hamilton unternahmen. Bei dem Fahrzeug handelte es sich um einen schwimmfähigen Lkw aus amerikanischen Armeebeständen. Zwei Luftkammern an den Seiten sorgten für den Auftrieb und der Antrieb erfolgte durch zwei Propeller im Heck. Es war ein prickelndes Gefühl, als das Fahrzeug direkt von der Straße in die Fluten des Sees eintauchte. Gesteuert wurde mit den Vorderrädern. Außerdem besichtigten wir eine größere Tropfsteinhöhle in der Nähe von Hot Springs. Sie nannte sich **Civil War Cave**, weil während des amerikanischen Bürgerkrieges (1861–1865) Angehörige der Südstaatenarmee darin Unterschlupf gefunden hatten.

Nun wurden wir mit einem Problem konfrontiert: Wie ich bereits erwähnte, hatte sich die Temperaturanzeige für das Kühlwasser des Motors bislang im oberen Bereich befunden. Aber jetzt, wo wir uns wieder im wärmeren Klima befanden, war das Wasser am Brodeln und die Anzeige bewegte sich im roten Bereich. Ganz offensichtlich hatte der Kühler durch den starken Frost im Schneesturm einen Haarriss bekommen, sodass während der Fahrt kontinuierlich Kühlwasser verloren ging. Dies hatte zur Folge, dass wir alle paar Hundert Meilen Kühlwasser nachfüllen mussten. Das war zwar ärgerlich, aber wir hatten schon Schlimmeres überstanden.

Als wir am letzten Reisetag die Grenze nach Louisiana überquerten, wurden wir von einem heftigen Gewitter mit wolkenbruchartigem Regen begrüßt. Die Scheibenwischer konnten die Wassermassen kaum bewältigen. Einer der Scheibenwischer gab sogar seinen Geist auf. Aber dafür präsentierte uns der liebe Gott am Ende des Gewitters einen wunderschönen Regenbogen.

Am späten Nachmittag trafen wir wieder in New Orleans ein und waren froh, die Reise einigermaßen glimpflich überstanden zu haben. Diese unsere Hochzeitsreise werden wir im Leben nicht vergessen!

Notlandung in Alabama

Während meines beruflichen Aufenthaltes in den USA habe ich unzählige Dienstreisen gemacht. Sie reichten von Louisiana im Süden bis nach Kanada im Norden und von Kalifornien im Westen bis nach North Carolina im Osten. Dabei wurden mehr als 100.000 Meilen im Flugzeug zurückgelegt. Aufgrund dieser Tatsache wurde ich in den „Hunderttausend-Meilen-Klub" der amerikanischen Fluggesellschaft United Airlines aufgenommen. Als Mitglied dieses Klubs konnte man unterwegs einige Privilegien wie zum Beispiel den „Red Carpet Service" mit Erfrischungs- und Ruheräumen an verschiedenen Flughäfen für sich in Anspruch nehmen. Wenn ich mich so zurückerinnere, waren manche dieser Flugreisen erlebnis- bzw. ereignisreich, aufregend bis zum Teil dramatisch. So kam es schon mal vor, dass eine Maschine den Start wegen technischer Probleme abbrechen musste. In einem Fall – es war auf einem kleinen Flugplatz in North Carolina – ließ sich nach dem Start das Fahrwerk nicht einziehen. So blieb dem Piloten nichts anders übrig, als zum Flugplatz zurückzukehren.

Einer meiner aufregendsten Flüge trug sich am 30.09.1962 zu. Ich sollte eine Dienstreise nach North Carolina antreten. Am frühen Nachmittag, etwa gegen 14:00 Uhr, bestieg ich in New Orleans eine viermotorige Propellermaschine des Typs DC-6B der Fluggesellschaft Delta Airlines. Es waren schwere Gewitter angesagt. Der ursprüngliche Flug sollte von New Orleans über Atlanta, im Bundesstaat Georgia, nach North Carolina führen. Kaum in der Luft, fing der Vogel schon ordentlich an zu rütteln. Nach gut 20 Minuten kam eine riesige Gewitterfront auf die Maschine zu – oder flog sie in eine solche hinein? Ich kann es nicht genau sagen. Es wurde plötzlich dunkel. Blitze zuckten am Himmel und die schwere viermotorige Maschine wurde in der Luft wie ein welkes Blatt hin und her geworfen. Mal ging es wie in einem Fahrstuhl nach oben, dann wieder nach unten.

Die Flugzeugzelle krächzte in allen Fugen. Es schien, als habe der Pilot die Kontrolle über den Vogel verloren. Aus dem Bordlautsprecher ertönte die Stimme des Flugkapitäns. Es waren nur Wortfetzen zu verstehen, so was wie „Notlandung“ oder so ähnlich. Notfallmaßnahmen wurden eingeleitet. Es hieß: „Anschnallen! Sitzlehnen aufrecht stellen und den Oberkörper nach vorn beugen! Kopf zwischen die Arme!“ Da ich einen Fensterplatz hatte, fiel mein Blick zufällig nach draußen. Was ich da sah, ließ das Blut in meinen Adern gefrieren. Aus dem äußeren, rechten Motor auf der Steuerbordseite schoss eine meterlange Stichflamme. Dann war sie für einige Sekunden erloschen, um kurze Zeit später wieder aus der Motorverkleidung auszutreten. Dieses Spiel hielt eine Weile an. Offensichtlich hatten der Flugkapitän und der Co-Pilot versucht, die Flammen über die interne Feuerlöschanlage zu ersticken. Bei meinem zweiten Blick aus dem Fenster sah ich, dass der Propeller stillstand. Ich war nicht sicher, ob andere Passagiere den verzweifelten Kampf der Piloten mit dem Feuer mitbekommen hatten. Wenn ja, wäre eine Panik unausweichlich gewesen. Ich spürte, dass die Maschine im Sinkflug begriffen war und an Geschwindigkeit verlor. Die Sicht war schlecht. Plötzlich gab es einen kräftigen Ruck und die Maschine war gelandet. Wo, das wusste außer den Piloten noch niemand. Jedenfalls stand der Propeller des äußeren, rechten Motors still und Flammen waren auch nicht mehr zu sehen. Das Ganze dürfte sich an der Grenze zu Alabama abgespielt haben. Jetzt erklang die beruhigende Stimme des Flugkapitäns wieder und verkündete, dass man auf dem Flugplatz Birmingham in Alabama notgelandet sei. Für den Weiterflug nach Atlanta sei eine Ersatzmaschine angefordert. Nun ging ein Aufatmen durch die Reihen der Passagiere. Das war noch einmal gut gegangen!

Nach einer längeren Wartezeit konnte ich den Weiterflug nach Atlanta fortsetzen, in der Hoffnung, den vorgesehenen Anschlussflug nach North Carolina noch zu erreichen. Das war aber leider nicht der Fall. In Atlanta bestieg ich eine Weile später eine zweimotorige Propellermaschine vom Typ Fokker F27 der Delta Airlines und erreichte meinen Zielort erst am späten Abend.

Florida lässt grüßen

Landschaft mit Sumpfzypressen

In der zweiten Januarhälfte des Jahres 1963 entschlossen meine Frau und ich uns zu einer Autoreise nach Florida. Alle Welt schwärmte von Florida. Also, auf nach Florida! Die Jahreszeit war günstig, da das Klima im Januar angenehm und von erträglicher Luftfeuchtigkeit bestimmt ist.

Die Route führte entlang der Golfküste über Pensacola nach Silver Springs. Silver Springs liegt in einem Naturschutzgebiet mit vielen Quellen und glasklaren Seen. Bei einer Fahrt mit einem Elektroboot, das einen gläsernen, also durchsichtigen Boden besaß, konnte man auf den Grund der Seen blicken und die Unterwasserwelt mit einer Vielfalt von Fischen bewundern. Jemand aus einer Besuchergruppe behauptete, unter Wasser eine Seekuh gesehen zu haben. Von Silver Springs ging die Fahrt weiter an riesigen Orangenplantagen vorbei zur nächsten Attraktion. Gemeint ist Cypress Gardens in der Nähe von Winter Haven. An einem von Sumpfzypressen umgebenen See konnte man waghalsige Vorführungen von Artisten auf Wasserskiern bestaunen. Danach hielten wir Kurs auf Südflorida. Es ging vorbei an Miami, wo wir uns nicht lange aufhielten, in Richtung Everglades (eine Sumpf- und Seenlandschaft). Schlangen, Alligatoren und jede Menge Wasservögel sind hier anzutreffen.

Unvergessen blieb uns dort eine Fahrt mit einem Airboat. Diese Art Boote bestehen aus einer hölzernen bzw. metallischen Plattform, die von einem Flugzeugpropeller am Heck angetrieben werden. Das seltsame Gefährt schob sich durch Sümpfe, überquerte Flüsse und huschte über Sandbänke. Gesteuert wurde das Boot von einem einheimischen Seminolen-Indianer. Man muss schon einen sehr guten Orientierungssinn haben, um aus dem Gewirr von Flüssen, Sandbänken und Sümpfen wieder zum Ausgangspunkt zurückzufinden.

Der Besuch einer Alligatoren- und Schlangenfarm stand ebenfalls auf unserem Programm. Wir konnten beobachten, wie zum Beispiel den Klapperschlangen Gift für medizinische Zwecke abgezapft wurde. Blaue Indigoschlangen durften von den Besuchern angefasst und um den Hals gehängt werden. Ferner wurde in kleine Stücke gehacktes Schlangenfleisch zum Verzehr herumgereicht.

Für die Fahrt nach Key West hatten wir einen ganzen Tag eingeplant. Von den Everglades ging es über eine endlos erscheinende Inselkette, wo die einzelnen Inseln durch Brücken miteinander verbunden sind, nach Key West, dem südlichsten Punkt Floridas. An dieser Stelle drängte sich einem unwillkürlich Hemingways Kurzroman „Der alte Mann und das Meer" auf. Von hier aus waren es noch circa 150 Kilometer bis nach Kuba.

Die Rückreise führte dann an der Westküste Floridas entlang nach Saint Petersburg, einer Pensionärsstadt mit schönen Parks. Eine tropische und subtropische Flora konnte man dort bewundern. Weihnachtssterne waren so groß wie bei uns Rhododendronbüsche. Die Fahrt über die schwindelerregende, fast 50 Meter hohe Brücke, die über die Bucht von Tampa führt, war ein besonderes Erlebnis. Nach einer Übernachtung in einem netten Motel am Rande von Saint Petersburg traten wir die Rückreise nach New Orleans an. Die gesamte Strecke wurde an einem Tag bewältigt.

Eine Seefahrt, die ist lustig ...

Nun komme ich auf eine meiner schönsten, aber auch gefährlichsten Dienstreisen zu sprechen. Im Frühjahr 1963 erhielt ich den Auftrag, als Begleiter auf der MS „Hasselburg“ von New Orleans nach North Carolina zu reisen. Die „Hasselburg“ hatte in New Orleans sensibles Gerät an Bord genommen. Ich meldete mich beim Kapitän bzw. dessen Vertreter und bekam als Ehrengast die Kabine des Schiffseigners zugewiesen und speiste mit dem Kapitän in der Offiziersmesse. Während der Schiffsreise war es meine Aufgabe, den Verschluss des Verschlages, in dem die sensible Fracht untergebracht war, in unregelmäßigen Abständen zu überprüfen. Bevor das Schiff in New Orleans ablegte, kam der Lotse an Bord. Er verließ die „Hasselburg“ erst bei der Lotsenstation an der Mündung des Mississippis.

Die Nacht verlief ruhig. Der Morgen war frühlingshaft. Die See war glatt und es wehte eine milde Brise. Als ich nach dem Frühstück meine Runde drehte, entdeckte ich am Horizont einige dunkle Objekte, die sich auf die „Hasselburg“ zubewegten. Dienstbeflissen meldete ich meine Wahrnehmung dem Ersten Offizier. Der führte sein Fernglas ans Auge und begann heftig zu lachen. Die dunklen Objekte waren Delfine, die unser Schiff eine Strecke lang begleiteten. Nicht nur Delfine, auch fliegende Fische bekam ich das erste Mal in meinem Leben zu sehen. Sie bewegten sich in Reichweite des Schiffes. Diesem Schauspiel hätte ich stundenlang zusehen können.

In unvergesslicher Erinnerung wird mir auch eine Shanty-Party beim Passieren der Straße von Florida bleiben. Die Nacht war bereits hereingebrochen. Die See war ruhig, am Himmel waren die Sterne und die bleiche Sichel des Mondes und in der Ferne die Lichter von Miami zu sehen. Auf dem Achterdeck hatte sich die dienstfreie Schiffsbesatzung versammelt. Bierflaschen machten die Runde und es wurden Seemannslieder (Shantys) angestimmt. Als Außenseiter wurde ich von den

Jungs freundlich in der Runde aufgenommen. Man reichte mir zu trinken und ich stimmte fröhlich in den Gesang mit ein. Man staunte nicht schlecht, dass ich viele der Texte kannte und ich beim Singen mithalten konnte. Schließlich war ich ja lange genug bei der Bundeswehr gewesen, wo außer Marschliedern auch Seemannslieder gesungen wurden, wie zum Beispiel: „Heute geht es an Bord“, „Rolling Home“ oder „Wir lagen vor Madagaskar“. Es wurde eine lange Nacht. Ich musste mich am Morgen beeilen, um pünktlich zum Frühstück in der Offiziersmesse zu sein.

Inzwischen befand sich die „Hasselburg“ im Atlantik. Man merkte es an einer lang anhaltenden Dünung. Der Bug hob und senkte sich in größeren Intervallen. Dieses gleichmäßige Auf und Ab machte mir, im Gegensatz zur unregelmäßigen Schüttelei in kleinen Propellerflugzeugen, nichts aus. Im Gegenteil, es machte mir Spaß.

Nach viereinhalb Tagen legte unser Schiff in einer Sicherheitszone an einer abgelegenen Pier in der Nähe eines Sumpfgebietes in North Carolina an. Das Wetter hätte während der gesamten Reise nicht besser sein können. Nun begann der zweite, gefährlichere Teil des Unternehmens. Dutzende Flugabwehrraketen mussten sorgsam unter Deck verstaut werden. Dabei waren die besonderen Lade- und Sicherheitsvorschriften zu beachten. Im Gegensatz zum späteren Nachfolgemuster, wo mit Festtreibstoff gestartet wurde, benutzte die derzeitige Variante einen hochexplosiven Flüssigkeitstreibstoff, der sich in metallischen Fässern befand. Aus Sicherheitsgründen durfte diese brisante Fracht nicht unter Deck gestaut werden. Die einzelnen Fässer wurden an Deck in der Nähe der Reling mit starken Seilen verzurrt, um sie im Gefahrenfall über Bord rollen zu können. Dazu hatte man in der Nähe Äxte griffbereit zum Kappen der Seile deponiert. An Bord herrschte absolutes Rauchverbot! Bei derartigen Verladungen stand man immer mit einem Bein im Grab. Schiffe, die extrem explosives Gefahrengut zu transportieren hatten, waren sehr hoch versichert und die Schiffsbesatzung erhielt eine Gefahrenzulage. Davon konnten meine Kameraden und ich nur träumen.

Am Tage bevor die „Hasselburg“ ablegte, erhielt ich Verstärkung von einem Kollegen aus Washington, der auch die Ladung während der Überfahrt nach Deutschland bewachte und begleitete. Verladungen dieser Art sind in gewissem Sinne auch Himmelfahrtskommandos!

Eine beängstigende Flugreise

Das Jahr 1964 begann mit einem tragischen Ereignis: Eine DC8 der Eastern Airlines war gleich nach dem Start in den Lake Pontchartrain gestürzt und hatte sich viele Meter tief in den sumpfigen Grund des Sees gebohrt. Es gab keine Überlebenden. Dieses Unglück habe ich als mittelbar Beteiligter erlebt: Am 25. Februar des Jahres 1964 war bei mir wieder einmal eine Dienstreise fällig.

Sänger Kenneth Spencer

Ein Flug war mit **Eastern Airlines** auf einer DC8 vorgesehen. Noch rechtzeitig vor dem planmäßigen Abflugtermin stellte man fest, dass man für mich einen falschen Flug gebucht hatte. Jetzt hieß es mal wieder: „Rein in die Kartoffeln, raus aus den Kartoffeln." Die neue Planung sah vor, dass ich am selben Tag, aber erst später als ursprünglich vorgesehen fliegen sollte, ebenfalls mit einer DC8, diesmal jedoch mit **Delta Airlines**. Zuerst hatte ich mich geärgert, als mir unser Kraftfahrer mit den neuen Flugtickets die Mitteilung über die geänderten Flugdaten überbrachte. Schließlich saß ich seit geraumer Zeit auf gepackten Koffern und wartete auf das Fahrzeug, das mich zum Flughafen bringen sollte. Auf dem Wege zum „Moisant Airport" herrschte ein reger Verkehr. Auffallend viele Ambulanz-, Polizei- und Rettungsfahrzeuge waren zu sehen. Sie bewegten sich alle in Richtung Flughafen. Ständig musste unser Fahrer rechts heranfahren, um Rettungs- und Sicherheitsfahrzeuge mit heulenden Sirenen vorbeizulassen. Vor dem Terminal stauten sich Fahrzeuge aller Art. Es war kein Durchkommen mehr. Kollege Wittinger ließ mich schon vorzeitig aussteigen. Die letzten hundert Meter ging ich zu Fuß. Am Ticketschalter von Delta Airlines erkundigte ich mich nach dem Grund der Aufregung und dem nicht enden wollenden Aufmarsch an Rettungsfahrzeugen. Die Dame am Schalter klärte mich auf und fragte: „Haben Sie noch nichts davon im Radio gehört? Heute in der Früh ist eine DC8 der Eastern Airlines unmittelbar nach dem Start abgestürzt, direkt in den Lake Pontchartrain." Nach dieser Auskunft lief mir ein eiskalter Schauer über den Rücken. Als ich ihr sagte, dass ich ursprünglich die besagte Maschine nehmen sollte, sagte sie: „Mein Gott, da haben Sie aber einen Schutzengel gehabt! Gut, dass Sie noch rechtzeitig umgebucht haben." So war ich dank eines rechtzeitig entdeckten Buchungsfehlers mit ganz knapper Not einer Katastrophe entronnen. Es wurde mir zum wiederholten Male klar, dass es so etwas wie eine göttliche Vorsehung gibt. Man kann sich gewiss vorstellen, mit welch einem mulmigen Gefühl ich danach ins Flugzeug gestiegen bin. Nach dem Start konnte ich vom Fenster aus unter mir ein Gewimmel von Rettungsbooten, Schwimmkränen und Polizeihubschraubern auf und über dem See erkennen. Nur von der abgestürzten Maschine war nichts zu sehen.

Am nächsten Tag wurde in der Zeitung – der **Times-Picayune** – von dem Absturz groß und breit berichtet: Es gab keine Überlebenden! Unter den Opfern befand sich unter anderen auch der berühmte Sänger **Kenneth Spencer**. Er war weltweit bekannt geworden mit dem Lied vom „Ol' Man River". Der 52-jährige Sänger (Bassist) hatte sich auf einer Konzertreise befunden. Wie zu erfahren war, wurde im Jahre 1956 dem amerikanischen Bürger Kenneth Spencer die deutsche Staatsbürgerschaft verliehen. Zur Beantragung der deutschen Staatsbürgerschaft hatte er sich, wie er einmal sagte, entschlossen, weil ihm in den USA nicht die nötige Anerkennung zuteilwurde und er sich auch als Farbiger häufig diskriminiert fühlte. Meine Frau und mich machte das tragische Schicksal des großartigen Sängers besonders betroffen, da wir seine Lieder gerne hörten. Sogar heute noch besitzen wir eine Langspielplatte aus seiner Zeit vor über 50 Jahren.

Für mich war die Reise nach North Carolina am 25. Februar 1964 noch lange nicht beendet. In Atlanta musste ich auf eine Fokker F27 der Piedmont Airlines umsteigen, die mich nach North Carolina bringen sollte. Es war keine halbe Stunde nach dem Start vergangen, als die kleine zweimotorige Fokker in ein fürchterliches Unwetter geriet. Die Maschine wurde von den Turbulenzen wie ein welkes Ahornblatt hin- und hergerissen. Gegenstände wirbelten durch die Kabine. Man hatte das Gefühl, dass die schwingenden Tragflächen den Belastungen nicht standhalten würden und jeden Augenblick herabstürzen könnten. Ich hatte noch immer den Flugzeugabsturz vom Vormittag im Kopf. Außerdem war in meinem Unterbewusstsein die Notlandung mit einer Maschine der Delta Airlines mit brennendem Motor in Birmingham/Alabama am 30.09.1962 noch lebendig. Langsam kam bei mir so etwas wie Panik auf. Mir wurde ganz heiß, ich bekam Atemnot, der Kopf drohte zu platzen und mir wurde schwindelig. In meiner Not rief ich mit heiserer Stimme: „Help!" Mein linker Sitznachbar reichte mir sofort eine Spucktüte. Ich winkte ab und schüttelte den Kopf, da ich nicht erbrechen musste. Meine letzte Wahrnehmung war, dass ich wie ein Klappmesser vornüberkippte und wahrscheinlich vom Sitz gerutscht wäre, wenn mich der Sicherheitsgurt nicht festgehalten hätte. Was danach geschah, habe ich nicht mehr mitbekommen. Ich kam erst in einer provisorischen Krankenstation der Piedmont Airlines wieder zu mir.

Wo war ich? Alles kam mir so verändert vor. Ich lag mit entblößtem Oberkörper auf einem Untersuchungstisch. Ein Arzt, erkennbar an einem weißen Kittel, sowie weiteres Krankenpersonal umstanden den Tisch. Sie schauten mich besorgt an. Alle möglichen Gedanken rasten durch meinen Kopf, wie: *Wo bin ich? Was ist passiert? Wo ist die Tasche mit den Unterlagen? Was haben die Ärzte hier zu suchen?* Ich versuchte den Arzt zu fragen, was das alles hier zu bedeuten habe. Als ich den Mund aufmachte und eine Frage zu formulieren versuchte, stellte ich fest, dass ich außer einem Lallen keine Wörter mehr herausbrachte. Was war mit mir geschehen? Jetzt kam echte Panik in mir auf. Ich versuchte, mich zu erheben. Aber das Krankenpersonal drängte mich zurück auf die Liege und der Arzt verpasste mir eine Spritze. Danach musste ich wohl eingeschlafen sein.

Es war bereits Abend, als ich wieder zu mir kam. Der Arzt war noch immer da. Er richtete einige Fragen an mich, die ich zu beantworten versuchte. Aber es kam nur ein Lallen heraus. Ich bedeutete ihm, dass ich ihn wohl verstehe, aber nicht sprechen könne, und bat um ein Blatt Papier. Die weitere Kommunikation vollzog sich nun schriftlich. So erfuhr ich, im Flugzeug ohnmächtig geworden zu sein, und dass der Pilot sich aufgrund der

Notsituation entschlossen habe, Myrtle Beach in South Carolina anzufliegen, um dort auf einem kleineren Flugplatz außerplanmäßig zu landen. Mit einer Trage wurde ich dann bewusstlos aus der Maschine in ein Nebenzimmer der Piedmont Airlines gebracht. Über Funk sei ein Notarzt herbeigerufen worden, der mich gleich in Empfang nahm und untersuchte. Von alldem hatte ich nichts mitbekommen. Auf meine Frage, was er mir rate, zu tun, antwortete der Arzt: „Auf keinen Fall sollten Sie ein Flugzeug besteigen. Sie stehen noch unter Schock und leiden vermutlich an einem Trauma. Ein leichter Schlaganfall ist auch nicht auszuschließen. Setzen Sie die Reise nach North Carolina mit einem Bus fort, sobald es Ihnen wieder besser geht, oder brechen Sie die Reise ganz ab. Die nächsten zwei Tage übernachten Sie in einem Hotel in Myrtle Beach, das Ihnen Piedmont Airlines zur Verfügung stellt. Die Kosten für die Busfahrt von hier nach North Carolina übernimmt ebenfalls die Fluggesellschaft." Damit verabschiedete sich der freundliche und hilfsbereite Arzt und wünschte mir alles Gute. Vorher stellte er mir noch eine Krankenbescheinigung mit einem Hinweis über die verabreichten Medikamente aus. Ich bedankte mich bei ihm für die gute ärztliche Versorgung und sah ihm noch eine Weile nach.

Wie ich nun ins Hotel kam, ob mit dem Taxi oder der Ambulanz, weiß ich heute nicht mehr. Ich muss einen Filmriss gehabt haben. An das Hotelzimmer kann ich mich auch nicht mehr erinnern. Allmählich kehrte meine Sprache wieder zurück. Anfangs ging es noch etwas holprig, aber es wurde nach und nach besser. Am dritten Reisetag fühlte ich mich in der Lage, die Reise mit einem Greyhound-Bus fortzusetzen. An dieser Stelle muss ich Piedmont Airlines für die Fürsorge und hervorragende Betreuung ein großes Lob und meinen Dank aussprechen. In dieser Hinsicht kann sich manch andere Fluggesellschaft ein Beispiel an Piedmont Airlines nehmen. Bis dahin war ich nicht in der Lage gewesen, irgendjemanden zu benachrichtigen, weder meine Frau noch meine Dienststelle.

Vielleicht war ich wieder einmal dem Totengräber von der Schippe gesprungen. Wieder einmal hatte ich allen Grund, unserem Schöpfer für seinen Schutz und seine weise Vorausplanung dankbar zu sein.

Maultierritt in den Grand Canyon

Farbenspiel an den Wänden des Grand Canyons

Es hatte sich bei uns in New Orleans ein Bekannter, den ich noch von meiner vorfliegerischen Ausbildung kannte, zu Besuch angemeldet. Es handelte sich um Walter Arno und seine Ehefrau Margot. Sie befanden sich auf der Durchreise von Arizona nach Florida. Sie hatten sich in einem Motel außerhalb von New Orleans eingemietet. Nun bemühten wir uns, ihnen innerhalb der kurzen zur Verfügung stehenden Zeit das berühmte French Quarter zu zeigen. Arnos luden uns zu einem Gegenbesuch nach Arizona ein, den wir gerne annahmen, zumal wir für den Monat Juni eine größere US-Reise geplant hatten.

Hurra! Endlich konnten Judy und ich einen lang ersehnten Urlaub, der schon seit längerer Zeit geplant war, antreten. Am 6. Juni 1965 bestiegen wir gut gelaunt eine DC8 der Delta Airlines, die uns zunächst nach Dallas in Texas brachte. Dort verweilten wir nicht lange und flogen noch am selben Tag weiter nach Phoenix im Staat Arizona. Dort wurden wir am Flughafen von Walter und Margot freudig in Empfang genommen. Wir hatten unser Kommen ja schon einige Wochen vorher angekündigt. Sie luden uns zu sich in Luke zum Abendessen und zum Übernachten ein. Während des Essens besprachen wir die Planung für den nächsten Tag. Walter schlug einen Ausflug zum **Grand Canyon** vor. Wir waren begeistert. Am nächsten Morgen brachen wir in deren Auto zum größten Canyon auf dem amerikanischen Kontinent auf. Wir trafen dort rechtzeitig ein, um uns zur Teilnahme an einem Maultierritt zur Talsohle des Canyons anzumelden. Der nicht ganz ungefährliche Ritt auf dem schmalen **Bright Angel Trail** entlang der hoch aufragenden Canyonwand zog sich bis zum Mittag hin. Es ging 1.600 Meter ziemlich steil abwärts. Wir vertrauten auf die Schwindelfreiheit und die Trittsicherheit der Maultiere. Millionen von Jahren hat es gedauert, bis sich der Colorado derart tief in den Felsen eingegraben hatte. Etwas oberhalb vom Ufer des laut dahindonnernden Colorado Rivers machte unsere zehnköpfige Reitergruppe Picknick. Am späten Nachmittag kehrten wir total verstaubt und müde vom Ritt zurück.

Als ein Naturschauspiel besonderer Art bot sich eine farbliche Veränderung der Canyonwände zu den unterschiedlichen Tageszeiten. Es konnten fast alle Regenbogenfarben beobachtet werden. Am beeindruckendsten war, wenn die Wände in einem lila Licht leuchteten. Jedenfalls war der Abstecher zum Grand Canyon ein tolles Erlebnis. Da es für eine Rückfahrt nach Phoenix bereits zu spät war, übernachteten wir in einem Motel in der Nähe des Grand Canyons. Die Rückreise erfolgte entlang des Oak Creek Canyons, eine von rotem Sandstein geprägte Landschaft. Außerdem nahmen wir eine weitere, nördlich von Phoenix gelegene Sehenswürdigkeit in Augenschein: **Montezuma Castle**. Hierbei handelt es sich um eine von Pueblo-Indianern in einer riesigen Felsenhöhle errichtete, quasi uneinnehmbare Festung. Die Höhle liegt circa 50 Meter über dem normalen Niveau, wurde im 12. Jahrhundert erbaut und ist nur über Leitern zu erreichen. Wir blieben noch eine Nacht bei Walter und Margot zu Gast.

Am nächsten Morgen ging unser Flug in einer Convair 880 der Western Airlines weiter nach Los Angeles. Dort besuchten wir Verwandte von Judy. Einen Besuch des berühmten Disneylands sowie der Universal City Studios in Hollywood ließen wir uns nicht entgehen. In Los Angeles hielten wir uns nur zwei Tage auf. Am Morgen des 10. Juni profitierten wir von einem Shuttleflug der United Airlines in einer Boeing B720 nach San Francisco zu einem Spottpreis von nur 45,00 US-Dollar pro Person. Dank Judys großer Verwandtschaft hatten wir auf unserer Reise fast überall „Stützpunkte“ in Form von Tanten, Onkeln und Geschwistern.

Yosemite National Park

In San Francisco hatten wir uns am Flughafen einen VW Käfer gemietet und suchten in der Innenstadt zunächst unser gebuchtes Hotel auf. Am nächsten Morgen brachen wir zu einem Abstecher in den **Yosemite National Park** auf. Nachdem wir in späteren Jahren viele National Parks in den USA besucht hatten, mussten wir immer wieder feststellen, dass der Yosemite National Park zu den schönsten Parks dieser Art in den USA zählt. Ein liebliches Tal, umrahmt von steilen Felsen, wie zum Beispiel vom **El Capitan** am Parkeingang oder dem **Half Dome**, die vielen Wasserfälle, wie zum Beispiel der **Obere** und der **Untere Yosemite Fall**, der **Nevada Fall** oder die **Bridal Veil Falls**, ließen das Besucherherz höherschlagen. In einem abgelegenen Winkel des Parks entdeckten wir riesige Rotholzbäume (Sequoia), auch Mammutbäume genannt. Sie erreichen eine Höhe von fast 100 Metern und hatten einen Durchmesser von über acht Metern. Es handelt sich dabei um einen Nadelbaum, der sehr alt werden kann. Im Yosemite Park gibt es Bäume dieser Art, die 1.000 Jahre und älter sind. Durch einen der Bäume hatte man sogar einen Tunnel gebohrt, sodass Pkws hindurchfahren konnten. Da es uns hier in der unberührten Natur so gut gefiel, entschlossen wir uns, in einem kleinen, inmitten des Parks gelegenen, aus Naturstein errichteten Hotel zu übernachten. Das Innere des Hotels glich einer Kunstgewerbeausstellung. Alles indianische Handarbeit! Nach unserer Rückkehr aus dem National Park suchten wir in San Francisco unser Hotel vom Ankunftstag wieder auf, wo wir zwei weitere Nächte verbrachten.

Der nächste Tag war ausgefüllt mit einem ausgiebigen Stadtbummel in San Francisco, bevor es am 14. Juni 1965 wieder weiterging mit einer Lockheed Electra der Western Airlines in Richtung Salt Lake City. Von dort aus flogen wir in einer Douglas DC6 weiter nach Idaho Falls im Staat Idaho. Dort angekommen, mieteten wir uns einen Chevrolet Corvair und begaben uns nach Jackson Hole im schönen Wyoming, wo wir uns ein gemütliches Motel mit Blick auf das Grand-Teton-Massiv mit dem Snake River im Vordergrund aussuchten. Nach der langen Flugreise waren wir hungrig und so begaben wir uns zu einem einladend aussehenden Restaurant in der Nähe. Dort wurden auf der Speisekarte frische Forellen mit Mandeln angeboten. Das hörte sich gut an und wir machten von dem Angebot Gebrauch. Doch schon bald bereute ich meine Wahl. Hätte ich im Voraus gewusst, wie viele feine Gräten sich in einer Forelle befinden, hätte ich eher ein Steak bestellt. Ich wäre beim Essen fast verhungert, so viel Zeit nahm das Entfernen der Gräten in Anspruch. Judy lachte dabei ungeniert und schadenfroh.

Yellowstone National Park

Der folgende Tag sollte uns in den **Yellowstone National Park** bringen. Die Fahrt ging eine Weile am Grand-Teton-Massiv und dem Snake River entlang. Bislang hatten wir während der gesamten Reise Glück mit dem Wetter gehabt, jeden Tag eitel Sonnenschein. Als wir nach mehrstündiger Fahrt den rauen Yellowstone Park erreichten, empfing uns exakt am 15. Juni, also mitten im Sommer, ein Unwetter mit Hagel und Schnee.

Es darf aber nicht übersehen werden, dass wir uns auf einer Höhe von fast 2.000 Metern über dem Meeresspiegel befanden. Die Sommerreifen unseres Corvairs gerieten einige Male ins Rutschen. Froh und erleichtert waren wir, als wir die Umrisse des urig aussehenden „Old Faithful Inns" in der Abenddämmerung erspähten. Es hatte den Charakter eines größeren Gasthauses. Da in den USA die Schulferien bereits begonnen hatten, hatten wir Glück, noch ein freies Zimmer zu erwischen. Zum Abendessen wählten wir leichte Kost: Hühnerfrikassee. Das sollten wir bereuen! Einige Stunden später rumorte es verdächtig in unseren Mägen und es dauerte auch nicht lange, bis wir beide abwechselnd die Toilette aufsuchen mussten. Das Spiel dauerte die ganze Nacht. Die Toilettenspülung war ununterbrochen in Betrieb. Am Morgen des folgenden Tages waren wir total gerädert. Der Gedanke an ein Frühstück verursachte Würgegefühle. Aber das sollte uns nicht davon abhalten, die wilde Schönheit des Nationalparks zu genießen. Das tags zuvor herrschende Unwetter war wie weggewischt. Es zeigte sich ein klarer, frischer Morgen.

Bei unserer gemächlichen Fahrt durch den Park kreuzte eine Bärenmutter mit zwei Bärenkindern unseren Weg. Wir hielten an und machten Fotos aus dem Fahrzeug heraus. Gelegentlich stiegen wir aus dem Fahrzeug aus, um die vielen heißen Quellen und Geysire, die über Holzstege zu erreichen sind, anzuschauen. Viele von ihnen haben Namen. Der bekannteste Geysir im Yellowstone Park ist der **Old Faithful**. Er stößt in regelmäßigen (90-minütigen) Abständen eine circa 50 Meter hohe und 120 Grad Celsius heiße Wasserfontäne aus. Der vorherrschend gelbe Kalkstein hat dem Park seinen Namen gegeben. So gibt es auch einen **Yellowstone River** und einen **Yellowstone Fall**. An verschiedenen Stellen des Parks entdeckten wir wunderschöne, aus den mineralischen Rückständen der heißen Quellen geformte Terrassen. Die Minerva-Terrassen gefielen uns besonders gut. Gott sei Dank hatte sich unser Gesundheitszustand im Laufe des Tages wieder stabilisiert. Da die Tageszeit schon fortgeschritten war, hielten wir auf den nördlichen Parkausgang zu, um noch vor Einbruch der Dunkelheit die Stadt Bozeman in Montana zu erreichen. Verwandte von Judy (Tante und Onkel) hatten sich dort vor längerer Zeit niedergelassen. Wir wurden herzlich empfangen und verbrachten bei ihnen eine Nacht. Am nächsten Morgen lieferten wir unseren Mietwagen beim Autoverleiher Hertz in Bozeman ab und bestiegen einen Greyhound-Bus in Richtung Mandan am Missouri, wo Judys Eltern zu Hause sind. Mit Mühe und Not bekamen wir einen Platz in dem Überlandbus. Er war mit japanischen Musikstudenten fast bis auf den letzten Platz ausgebucht. Sie befanden sich auf einer Reise von der West- zur Ostküste der Vereinigten Staaten. Wir waren die einzigen Nichtasiaten in dem Bus. Schnell kamen wir mit den Studenten ins Gespräch. Als sie erfuhren, dass wir aus Deutschland kamen, war ihr Interesse an uns besonders groß. Wir wurden mit Fragen aller Art überhäuft. Es war erstaunlich, was sie alles über Deutschland wissen wollten. Wir standen ihnen, so gut es ging, Rede und Antwort. Es war nicht immer ganz einfach, sie zu verstehen, da sie das „L“ nicht sprechen konnten und dies stets durch ein „R“ ersetzten. Dadurch kam es zuweilen zu Sinnentstellungen. Es dauerte eine Weile, bis wir die aussprachliche Besonderheit mitbekamen. So hörten wir des Öfteren den Satz: „You are traverring de rux.“ („You are travelling de luxe.“) Die Busreise zog sich unendlich lange hin. Sie wollte einfach kein Ende nehmen. Nach 16 Stunden waren wir am Ziel. Wir wünschten unseren japanischen Reisegenossen einen angenehmen Aufenthalt in den USA. Sie bedachten uns ebenfalls mit guten Wünschen. Dann verließen wir mit einem „Good-bye“ den Bus, nahmen unser Reisegepäck in Empfang und begaben uns, fast gegen Mitternacht, zum Haus von Judys Eltern.

Black Hills

Mount Rushmore-Denkmal in South Dakota

In der letzten uns noch zur Verfügung stehenden Woche entschlossen wir uns, mit dem Auto der Schwiegereltern einen Abstecher in die Black Hills im südlichen Nachbarstaat South Dakota zu machen. Ich begab mich mit Judy und meiner Schwiegermutter im Auto auf die Reise. Der Schwiegervater blieb zu Hause. Er konnte aus gesundheitlichen Gründen keine längeren Reise mehr machen. In flotter Fahrt ging es über den Interstate Highway 94 in westlicher Richtung bis nach Belfield. Dort schwenkten wir um 90 Grad nach links auf den Highway 85 nach Süden und hielten auf Spearfish zu. Nach gut sechsstündiger Fahrt waren wir am Rande der **Black Hills**. Dort suchten wir uns zunächst eine Unterkunft, um am nächsten Morgen zu den Sehenswürdigkeiten in den Black Hills aufzubrechen.

Sioux-Häuptling BLACK ELK

Die Black Hills sind in etwa vergleichbar mit unserem Schwarzwald, also ein Mittelgebirge. In den höheren Lagen war überwiegend Kiefernwald anzutreffen. Der Harney Peak ist mit fast 2.400 Metern die höchste Erhebung in den Black Hills. Auf unserer Fahrt durch die „Schwarzen Berge" kamen wir an interessanten Felsformationen vorbei. Eine von ihnen nennt sich **Needles** (Nadelfelsen). Hohe, spitze Felsen reckten sich gruppenweise in den Himmel. Einer dieser spitzen Felsen ist durchlöchert und sieht tatsächlich aus wie ein Nadelöhr. Von hier aus war es nicht mehr allzu weit zu unserem Hauptziel, dem **Mount Rushmore National Memorial**. Dieses Denkmal ist bekannt wegen der in einen Felsen gemeißelten Köpfe der vier hervorragendsten Präsidenten der USA: Washington, Jefferson, Roosevelt und Lincoln. Gleich gegenüber dem Denkmal befand sich ein Restaurant, in dem Büffelfleisch serviert wurde. Ich war neugierig und bestellte ein Menü mit Büffelfleisch. Ich muss sagen, ich war angenehm überrascht. Es war überhaupt nicht zäh, wie ich vermutet hatte. Genau das Gegenteil war der Fall. Das Fleisch war zart und geschmacklich ganz hervorragend. Sehr zu empfehlen! Es war das erste Mal in meinem Leben, dass ich Büffelfleisch gegessen habe.

Im und außerhalb des **Custer-State-Parks** sahen wir größere Weideflächen, auf denen Büffelherden grasten. Nachdem diese schönen Tiere fast ausgestorben, oder besser gesagt, ausgerottet waren, bemüht man sich heutzutage mit deren Neuaufzucht. Nicht allzu weit vom Mount Rushmore entfernt begann man ebenfalls ein Denkmal in den Fels zu schlagen, nämlich das des Häuptlings Crazy Horse (auf einem Mustang reitend), der gemeinsam mit dem Sioux-Häuptling Sitting Bull im Jahre 1876 dem General Custer am Little Bighorn River in Montana eine entscheidende Niederlage beigebracht hatte. Ich weiß leider nicht, ob das Denkmal bis heute vollendet wurde. Das vom Bildhauer Korczak Ziolkowski in Marmor gemeißelte Denkmal soll höher werden als die Cheopspyramide.

Uns fiel auf, dass sich in Denkmalsnähe ein Trupp Indianer in der Tracht der Sioux-Indianer aufhielt. Mein Interesse war geweckt. Ich wollte unbedingt mit ihnen ins Gespräch kommen und auch Filmaufnahmen von ihnen machen. Also hielt ich an und ging auf den Ältesten, der wie ein Häuptling aussah, zu und fragte ihn, welchen Stamm er repräsentiere. Er nannte seinen Namen, **Black Elk**, vom Stamme der Sioux. Ich stellte mich als ein Tourist aus Deutschland vor. Sogleich sprach er mich auf Deutsch mit „Guten Tag“ an. Ich war ganz verdutzt, von einem Angehörigen der amerikanischen Urbevölkerung auf Deutsch angesprochen zu werden. Im Laufe des Gespräches stellte sich heraus, dass er als einer der Repräsentanten zur

Einführung des Films „How the West Was Won“ („Das war der Wilde Westen“) die größeren Städte Deutschlands bereist hatte. Wir verabschiedeten uns von ihm mit einem kräftigen Händedruck und wünschten einander viel Glück.

Die Zeit verging wieder viel zu schnell und wir mussten an die Heimreise denken. Auf der Rückfahrt machten wir noch schnell einen Abstecher in den Nachbarstaat Wyoming, wo es ein seltenes Naturdenkmal zu sehen gibt: den **Devils Tower**. Mitten in einer Ebene erhebt sich ein riesiger, oben abgestumpfter Basaltkegel. Seine Höhe beträgt annähernd 290 Meter. Er hat einen Durchmesser von 330 Metern. Er entstand vor rund 50 Millionen Jahren als Produkt eines Vulkans.

Noch am gleichen Tag traten wir von hier aus die Rückreise an und erreichten, ohne längere Pausen zu machen, am späten Abend Mandan. Am darauffolgenden Tag hieß es wieder Abschied nehmen.

Reise in die Smoky Mountains

Im September des Jahres 1965 entschloss ich mich, mit meiner Frau einen Urlaub in den Smoky Mountains, genauer gesagt, im Dreiländereck von Alabama, Georgia und Tennessee zu verbringen. Die drei genannten Staaten gehörten vor gut hundert Jahren mit weiteren acht Südstaaten zu einer Konföderation, die sich von den Vereinigten Staaten von Amerika, sprich: der Union, losgesagt hatten und nach einem schrecklichen, vierjährigen Bürgerkrieg (1861–1865) wieder in die Union eingegliedert wurden. In Gesprächen mit eingefleischten Südstaatlern kann man eine gewisse Sehnsucht heraushören nach der Zeit, als Jefferson Davis noch Präsident der Konföderierten Staaten von Amerika und Robert E. Lee deren genialer Feldherr war. Auf General Sherman, den Nordstaatengeneral, der Atlanta, die Hauptstadt Georgias, hatte niederbrennen lassen, waren sie gar nicht gut zu sprechen.

So reisten Judy und ich in unserem alten Plymouth, Baujahr 1955, durch vom Herbst geprägte Landschaften bis nach Chattanooga im Staat Tennessee. Wir übernachteten in einem Motel außerhalb der Stadt. Von dort aus war es nicht mehr weit bis zu einer Zahnradbahn, die uns hoch zum Lookout Mountain brachte. Die Smoky Mountains, die den südlichen Teil der Appalachen darstellen, ziehen jährlich wegen der reizvollen Landschaft mit etlichen Naturwundern und sonstigen Sehenswürdigkeiten Tausende von Besuchern an. Es kann durchaus vorkommen, dass man bei Wanderungen einem Schwarzbären begegnet. Als besondere Attraktion sei die aus merkwürdigen Felsgebilden im Laufe der Jahrtausende durch Erosion entstandene **Rock City** zu erwähnen. Man findet dort scheinbar zu Stein erstarrte Pilz-, Hut-, Schirm- und Tischformationen. Außerdem kann man eine durchlöcherte Felsspitze, die einem Nadelöhr ähnelt, bewundern. Vorbei an Wasserfällen, über Felsengänge, Stein- und Hängebrücken im Bereich des Lookout

Mountains gelangt man zum Lover’s Leap (Liebessprung). Hierbei handelt es sich um eine über einer steil abfallenden Felswand weit vorspringende Felsenplattform, die eine fantastische Sicht auf sieben amerikanische Staaten bietet, die einst zu den Konföderierten Staaten von Amerika zählten.

Bis auf einen kleinen, zu schildernden Zwischenfall war die Reise ein Erfolg. Wir befanden uns auf einem Picknickplatz, um uns zu stärken und uns an Obstsäften, die überall preiswert angeboten wurden, zu erfrischen. Es war Erntezeit. Überall lagen zum Teil angefaulte Obstreste herum. Das war natürlich ein gefundenes Fressen für Bienen und Wespen. Sie liebten etwas Berauschendes und Süßes. Dass Judy nun auch zu ihren Lieblingsspeisen gehören sollte, war mir neu. Jedenfalls wurde sie in diesem Fall nicht von Männern, sondern von mehreren Wespen umschwärmt. Judy versuchte ständig, die ungebetenen Liebhaber mit den Händen abzuwehren, was ihr aber nicht gelang. Plötzlich ließ sich ein allzu aufdringliches Exemplar an Judys Hals, in der Nähe der Halsschlagader, nieder. Einen Schlag mit der Hand quittierte das Insekt mit einem deftigen und schmerzhaften Stich. Als ich dies sah, stürzte ich mich auf Judy und versuchte mit dem Mund die Stichstelle auszusaugen. Mindestens ein Dutzend Mal habe ich gesaugt und ausgespuckt und immer wieder gesaugt und ausgespuckt. Die umstehenden Menschen, welche die Wespenattacke nicht mitbekommen hatten, glaubten in mir einen auferstandenen Dracula zu erkennen und machten ganz entsetzte Gesichter. Ich hörte, wie jemand sagte: „Look! What is he doing? He is acting like Dracula.“ Als ich dann von Judy abließ, standen eine Menge Leute um uns herum. Ich berichtete ihnen von dem Wespenstich und wie ich durch meine Methode – einst Teil meiner militärischen Ausbildung – Judy von Schmerzen befreit und eine Schwellung an der Einstichstelle verhindert hatte.

Unterwegs erfuhren wir von einem Hurrikan mit ungeheuren Ausmaßen, der sich im Golf von Mexiko auf New Orleans zubewegte. Das war für uns das Signal, auf schnellstem Wege die Rückreise anzutreten, um vor dem Sturm wieder daheim zu sein. Am späten Nachmittag, es war der 8. September 1965, erreichten wir New Orleans.

San Francisco und Umgebung

Die berühmte Golden Gate-Brücke bei San Francisco

Seit unserem letzten USA-Besuch waren viele Jahre vergangen. Von unseren Freunden und Verwandten in Amerika bekamen wir immer häufiger Anfragen, wann wir gedenken würden, mal wieder über den „großen Teich" zu kommen. Das Jahr 1994 schien uns für ein solches Vorhaben günstig. Am 16. August des Jahres 1994 bestieg ich mit Frau und Tochter eine Boeing B767 der United Airlines, die uns zunächst bis Chicago beförderte. Von Chicago ging es am gleichen Tag mit einer Douglas DC10 weiter nach Denver im Staat Colorado. In Denver legten wir eine Übernachtung ein. Dazu hatten wir uns das Holiday Inn in der Nähe des Flughafens Stapleton ausgesucht. Am darauffolgenden Tag ging die Reise weiter in einer Boeing vom Typ B757 der United Airlines nach San Francisco. Nach einem zweistündigen Flug landeten wir in San Francisco.

Bei der Autovermietung Alamo nahmen wir unser bereits in Deutschland über den ADAC angemietetes Auto in Empfang und fuhren damit zu Judys Bruder Eldon und dessen Ehefrau Milvi in El Sobrante. Dort kam es zu einer großen Begrüßungszeremonie. Am Vormittag des 19. August begaben wir uns allesamt nach San Francisco. Im Hafen hatten wir in einem renommierten Fischrestaurant zu Mittag gegessen und anschließend in Verbindung mit einem Stadtbummel verschiedene Souvenirs eingekauft. Am nächsten Tag zeigte Eldon uns in Berkeley die University of California. Beeindruckend auf dem riesigen Universitätsgelände war ein Turm, der Campanile, den wir erklommen und von dessen Aussichtsplattform wir eine grandiose Rundumsicht genossen. Es war gerade zwölf Uhr mittags, als die Turmuhr ziemlich laut die Zeit anschlug. Da wir uns in diesem Augenblick auf der Höhe des Glockenwerks aufhielten und die Uhr so plötzlich und laut anschlug, erschrak Judy fürchterlich. Von dort aus ging es über die Golden Gate Bridge zu einem schönen Stadtteil, der sich Sausalito nennt. Für den nächsten Tag, es war ein Samstag, hatten sich Eldon und Milvi allerhand mit uns vorgenommen. Da war unter anderem eine Bootsfahrt in der Bucht von San Pablo und San Francisco eingeplant. Ferner stand eine große Stadtbesichtigung von San Francisco auf dem Programm mit Altstadtbesichtigung, China Town und Geschäftsviertel.

Da fällt mir gerade eine heitere Episode während der Bootsfahrt ein: Auf dem Schiff unterhielten wir uns teils auf Englisch und teils auf Deutsch. Einige Schüler, die auch auf dem Boot waren, hörten uns interessiert zu. Schließlich fasste sich einer der Jungen ein Herz, ging zielstrebig auf unsere Gruppe zu und fragte Judy, woher wir kommen würden. Judy sagte: „From Germany." Worauf der junge Frager sich bemüßigt fühlte, Judy ein Kompliment zu machen, indem er zu ihr sagte: „Dafür, dass Sie aus Deutschland kommen, sprechen Sie schon ziemlich gut Englisch."

Die folgenden Tage verbrachten Judy, Heidi und ich damit, von San Francisco aus über den Highway 1 in Richtung Süden an der kalifornischen Westküste entlangzufahren. An einladenden Stränden hielten wir und sonnten uns oder schwammen im Meer. Über Santa Cruz, Salinas und Monterey kamen wir bis Big Sur. In Monterey übernachteten wir für 90,00 US-Dollar in einer Travel Lodge. Nirgendwo in den USA haben wir so viele übergewichtige Menschen gesehen wie in Monterey. Jedes Mal, wenn wir irgendwo auf unserer Reise solch ausufernde Typen sahen, raunten wir uns zu: „Monterey lässt grüßen." Zwei Tage vor unserer Abreise aus Kalifornien statteten wir dem Eisenbahnmuseum in Old Sacramento einen Besuch ab. Das war für mich als Hobbyeisenbahner ein unbedingtes Muss. In dem angegliederten Fachgeschäft für Modelleisenbahnen kaufte ich eine schöne **Diesellok**, die ich während der gesamten Reise im Koffer herumschleppte.

Am 23. August aßen wir alle in einem italienischen Restaurant zu Abend. Es gab unter anderem eine große Salatschüssel, die einige für mich unbekannte Salatsorten enthielt. Ich erinnere mich an in Streifen geschnittene, rote Blätter, die Ähnlichkeit mit unserem Rotkohl hatten, aber extrem bitter waren. Diese roten Salatstreifen hätte ich besser gemieden. In der Nacht wurde es mir übel. Ich musste mich übergeben und hatte das Gefühl, ausschließlich Galle zu spucken. Später erfuhr ich, dass es sich bei der erwähnten Salatsorte um Radicchio handelte, den ich seitdem gemieden habe.

Unser Aufenthalt in Kalifornien neigte sich dem Ende zu. Wieder galt es Abschied zu nehmen. Am 25. August begleitete uns Judys Bruder Dennis zum Flughafen nach San Francisco. Der United-Airlines-Flug von San Francisco nach Denver im Staat Colorado ging nicht, wie geplant, um 11:15 Uhr, sondern erst um 12:00 Uhr. Nach einem zweieinhalbstündigen Flug, wo 956 Meilen zurückgelegt wurden, landete unsere Maschine auf dem Flughafen von Denver/Colorado.

Denver und die Rocky Mountains

Hier standen ein Besuch bei Judys Cousine Sheri und ein Besuch des Rocky Mountain National Parks auf dem Programm. Bei der AVIS-Autovermietung am Flughafen Denver holten wir unseren über den ADAC angemieteten Wagen ab und fuhren damit zum Hotel Warwick ins Stadtzentrum. Dort erwartete uns ein riesiges, im englischen Tudorstil ausgestattetes Zimmer. Außerdem verfügte das Hotel über ein schönes Schwimmbad auf dem Dach des Hauses. Bei einer Außentemperatur von umgerechnet 35 Grad Celsius erfrischte ein kühles Bad herrlich.

Es war am frühen Abend, als wir bei Sheri und ihrem Mann Steve eintrafen. Sie bewohnen ein hübsches Haus am Stadtrand von Denver. Deren Tochter Andrea, das sollte unbedingt erwähnt werden, ist ein Fußballfan. Sie spielt aktiv in einer Denver Jugendmannschaft Fußball. Mit unserem Besuch hatten wir uns einen ungünstigen Zeitpunkt ausgesucht. Steve litt an einem Hexenschuss, sein Vater lag mit einem Lungeninfekt im Krankenhaus und Andrea hatte eine Bronchitis. Wir waren bei ihnen zum Abendessen eingeladen, was wir trotz der ungünstigen Situation als außerordentlich gastfreundschaftlich empfanden. Lange hielten wir uns nicht auf, versprachen aber, bei unserem nächsten Besuch etwas länger zu bleiben.

Am darauffolgenden Morgen wurde noch mal vom Schwimmbad Gebrauch gemacht, bevor wir uns auf den Weg zum Rocky Mountain National Park machten. Unterwegs bemerkte Heidi, dass sie ihren Brustbeutel nicht dabeihatte. Ihr fiel ein, dass sie ihn im Hotel unter dem Kopfkissen hatte liegen lassen. Jetzt bekam sie Panik. Immerhin enthielt er außer dem Reisepass und einer Kreditkarte noch 700,00 US-Dollar. Was würde wohl passieren, wenn der Inhalt komplett verloren ginge? Sie war sehr bedrückt und den Tränen nahe. Im Hotel hatte sie sich zu sehr auf den Schwimmspaß konzentriert und dabei nicht auf ihre Sachen geachtet. Die Freude am Besuch des am höchsten gelegenen Nationalparks der USA war ihr vergangen. Ständig kreisten ihre Gedanken um den Verlust ihres Brustbeutels.

Der Tag versprach wieder sehr warm zu werden. Am frühen Vormittag waren es, trotz der Höhenlage, bereits 28 Grad Celsius. Der Eintritt zum Park belief sich auf 6,00 US-Dollar pro Person. Wir fuhren durch eine typisch alpine Landschaft. Von der Trail Ridge Road auf circa 3.700 Meter Höhe konnte man eine fantastische Aussicht auf die grandiose Bergwelt der Rockies genießen. Am späten Nachmittag ging die Fahrt zurück ins Hotel. Im Hotelzimmer stürzte sich Heidi sofort auf das Kopfkissen, wo sie glaubte, den Brustbeutel versteckt zu haben. Dort war er aber nicht mehr. Dafür lag er, oh Wunder, wie auf dem Präsentierteller auf der Schreibablage in der Mitte des Zimmers. Der Inhalt war komplett, nichts fehlte! Heidi fiel ein Stein vom Herzen. An dieser Stelle zeigte sich wieder einmal die Korrektheit und Ehrlichkeit des amerikanischen Hotelpersonals. Abends war, wie konnte es nach einem heißen Tag anders sein, Schwimmen angesagt.

Der nächste Tag führte uns zu der historischen Gold- und Silberstadt Golden, wo wir die Grabstätte des berühmten Westernhelden Buffalo Bill Cody besichtigten. Unweit der Stadt Golden, auf dem Lookout Mountain, sahen wir in der untergehenden Sonne die Stadt Denver. Mit einem Abendbummel durch die Innenstadt von Denver und einer Einkehr in einer sogenannten Micro Brewery, die sich „Rock Bottom“ nannte, wollten wir den Tag ausklingen lassen. In dieser Minibrauerei gab es mindestens ein Dutzend verschiedene Biere zur Auswahl. Wir probierten verschiedene Sorten von Stout über Lager bis zum Pilsener. Über Heidi haben wir nicht schlecht gestaunt. Sie hielt beim Durstlöschen eifrig mit. Am Nebentisch saßen zwei Mädchen offensichtlich in Heidis Alter bei Cola und Limo. Ich bemerkte schon, dass sie ab und zu herüberschielten und sich mit der Bedienung unterhielten. In ihren Augen erkannte ich zweifelnde Blicke. Nach einer Weile kam die Bedienung an unseren Tisch, um sich nach Heidis Alter zu erkundigen und nach ihrer Identitätskarte zu verlangen. Da wurde uns bewusst, dass im Staat Colorado Alkohol nur an Personen über 21 Jahre ausgeschenkt werden durfte. Offensichtlich hatten sich die beiden Mädchen, die älter als Heidi aussahen, bei der Bedienung darüber beschwert, dass unserer Tochter, die eher wie eine 17-Jährige wirkte, Alkohol serviert wurde und ihnen nicht. Stolz hielt Heidi der Bedienung ihren Reisepass unter die Nase, aus dem hervorging, dass Heidi gerade acht Wochen zuvor das 21. Lebensjahr vollendet hatte. Nun waren die beiden Mädchen am Nebentisch baff und nippten weiter an ihrer Limo und Cola.

Am 28. August, pünktlich um 11:30 Uhr, verließen wir Denver mit einer Beechcraft 1900 der United Airlines in Richtung Bismarck, wo wir nach einem zweistündigen Flug wohlbehalten landeten.

Urlaub in North Dakota

In Bismarck wartete Judys Mutter schon auf uns. Sie brachte uns in ihrem kleinen und sehr zuverlässigen Prizm zu sich nach Hause. Nun verbrachten wir die nächsten Tage mit Ausflügen und Verwandtenbesuchen in Bismarck und Umgebung. Besuche sind immer anstrengend. Einige Male fuhr ich mit Ray, Schwiegermutters Lebensgefährte, zu einer abgelegenen Schießanlage in der Nähe des Missouris. Es wurde mit Kleinkalibergewehren vom Typ Winchester und Ruger geschossen. Bei einer dieser Freizeitveranstaltungen traf ich mit einem Bekannten von Ray zusammen. Er nannte sich Louis Ding. Voller Stolz zeigte er mir eine auf Dauerfeuer umfunktionierte Pistole. Damit war er in der Lage, acht Schuss Dauerfeuer abzugeben. Es sei seine „Home Defense Weapon“, wie er sagte. Auf meine Frage, ob es nicht gefährlich sei, wenn jeder Einwohner im Lande Waffen besitze, entgegnete er: „Selbst wenn normale Bürger keine Waffen besitzen, Kriminelle haben immer Waffen.“

Beim Besuch eines Einkaufszentrums (Kirkwood Mall) kam ich in einen Laden für Modelleisenbahner und entdeckte eine wunderschöne **Dampflokomotive**. Es war die größte ihrer Art, die je auf dem amerikanischen Kontinent verkehrte. Ihr Name war „Big Boy“, wenn ich mich nicht irre. Bei ihrem Anblick konnte ich nicht widerstehen. Ich kaufte das schöne Stück. Wegen des hohen Metallanteils der Lok sollte ich auf dem Rückflug Probleme bekommen. Doch davon später.

Am Montag, dem 5. September – es war Labor Day, ein amerikanischer Feiertag – entschlossen wir uns, der **Standing Rock Indian Reservation** einen Besuch abzustatten. Morgens um halb neun bestiegen wir zu fünft Rays großen Geländewagen und fuhren in südlicher Richtung über den Highway 1806 auf Fort Yates zu. Von dort aus waren es nur wenige Kilometer bis zur Grenze nach South Dakota, wo sich die besagte Indianerreservation befindet. Unweit von Fort Yates hatten wir Gelegenheit, die Grabstätte des berühmten Sioux-Häuptlings SITTING BULL zu besichtigen. Zu unserem Erstaunen befand sich mitten in der Prärie ein Spielcasino. Es nannte sich „Prairie Knights Casino“. Hier wollte ich auch mal mein Glück versuchen und begab mich an einen „einarmigen Banditen“. Diesen fütterte ich zuerst einmal mit 25 Cent, also einem „quarter“. Die Glücksspielmaschine war mir gewogen und spuckte gleich sechs Dollar aus. Das war das 24-Fache meines Einsatzes! Damit gab ich mich zufrieden und beendete das Spiel. Mit dem „üppigen“ Gewinn konnte ich gerade mein Mittagessen bezahlen, nämlich einen Buffalo Burger mit Salat und eine Portion Eis zum Nachtisch. Auf der Rückfahrt machten wir einen Abstecher zum Fort Abraham Lincoln State Park und besichtigten unter anderem das Wohnhaus von General Custer, dem unterlegenen Gegner von Sitting Bull während der Indianerkriege in der zweiten Hälfte des 19. Jahrhunderts.

Unsere Amerikareise näherte sich dem Ende. Am Mittwoch, dem 7. September 1994, hieß es wieder Abschied nehmen, der besonders Judy und ihrer Mutter schwerfiel. Ray und Judys Mutter begleiteten uns drei zum Flughafen in Bismarck. Um 08:10 Uhr hob sich unsere Beechcraft 1900 der United Airlines in die Lüfte. Zwei Stunden später landeten wir in Denver, wo wir uns beeilen mussten, um unseren Anschlussflug mit einer DC10 nach Washington, D. C., zu bekommen. Dort hatten wir knappe zwei Stunden Aufenthalt, bevor wir um 17:25 Uhr Ortszeit mit einer Boeing B747 (Jumbojet) Washington hinter uns ließen. Siebeneinhalb Stunden später landete unsere Maschine in Frankfurt. Es war 07:15 Uhr in der Früh.

Bei der Gepäckausgabe erlebte ich eine unangenehme Überraschung. Mein Koffer war nicht mitgekommen. Ich reklamierte das fehlende Gepäckstück gleich am Flughafen. Mir wurde gesagt, dass mein Gepäck fehlgeleitet worden sei und sich in Chicago befinde. Es werde aber am nächsten Tag nachgeschickt. Tatsächlich! Am Morgen des 9. September 1994, gegen

11:00 Uhr, stand ein Taxi vor unserer Tür und der Taxifahrer brachte meinen Koffer direkt ins Haus. Ich stellte gleich fest, dass dieser geöffnet worden war. Am Koffer befand sich auch ein Vermerk des Bundesgrenzschutzes, dass der Koffer wegen eines verdächtigen Inhalts geöffnet werden musste. Bald hatte ich auch den wahren Grund für eine solche Maßnahme entdeckt. Es waren meine beiden Lokomotiven, die ich in Amerika gekauft hatte. Ende gut, alles gut! Ein interessanter und erlebnisreicher Urlaub war zu Ende gegangen.

Wiedersehen in New Orleans

Typisches Plantagenhaus in Louisiana

Für Mai 2002 war nach vielen Jahren wieder eine Reise in die USA geplant. Dieses Mal warteten einige interessante Begebenheiten auf uns. Es stand unter anderem ein größeres Familientreffen auf dem Programm. Am 27. Mai bestiegen Judy und ich am Flughafen Köln/Bonn einen Airbus A320-100/200 der Lufthansa, der uns zunächst nach München brachte. Tochter Heidi flog dieses Mal nicht mit uns. Sie kam später mit ihrem Freund nachgeflogen.

Nach einem eineinhalbstündigen Aufenthalt ging es von dort mit einer Boeing B767-300 der United Airlines weiter nach Washington, D. C. Die Flugzeit betrug neun Stunden und 15 Minuten. Es folgte ein knapp zweistündiger Aufenthalt, bis uns eine Boeing B737-300 der United Airlines nach New Orleans, unserem vorläufigen Ziel, brachte. Die Maschine landete hier nach einem zweieinhalbstündigen Flug um 18:43 Uhr Ortszeit.

Am Flughafen schlug uns gleich eine geballte Ladung feuchtheißer Luft entgegen. Da uns an einem Aufenthalt ziemlich im Zentrum der Stadt gelegen war, hatten wir Übernachtungsangebote von Freunden und Bekannten, die am Stadtrand von New Orleans wohnten, abgelehnt und uns stattdessen für ein Haus mit Übernachtung und Frühstück im French Quarter entschieden.

Wir bestiegen ein Sammeltaxi, das uns zum „Rathbone Inn" bringen sollte. Unterwegs unterhielt der Taxifahrer die Fahrgäste mit allerlei Schauergeschichten, die sich in den letzten Tagen in New Orleans zugetragen haben sollten. So habe zwei Tage zuvor am Flughafen eine Schießerei stattgefunden und im French Quarter sei bei einer Messerstecherei eine Person ums Leben gekommen. Man konnte direkt spüren, wie bei einigen zart besaiteten Mitfahrern ein Schauer über den Rücken lief.

Schließlich waren wir am Ziel angelangt. Wir staunten nicht schlecht, als uns der Fahrer vor unserem früheren Apartmenthaus an der Esplanade Avenue absetzte und sagte: „Here you are." Das war natürlich ein überraschendes Wiedersehen mit unserer alten Heimat. Sogleich stürmten wir, von Neugierde getrieben, ins Haus und stellten dabei fest, dass die große Halle im Erdgeschoss noch unverändert war. Unser ehemaliges Wohnzimmer war in einen großen Frühstücksraum mit anschließender Küche umfunktioniert worden. Die Schlafräume befanden sich im ersten Stock. Der jetzige Besitzer war verwundert, als wir ihm gezielte Fragen, das Haus betreffend, stellten und uns in den Räumlichkeiten einigermaßen auskannten. Er sagte, man könne meinen, dass wir schon einmal hier gewohnt hätten. Als wir ihm dann erzählten, dass wir vor 40 Jahren fünf Jahre lang in diesem Haus gewohnt hatten, kam er aus dem Staunen nicht mehr heraus. Da man Judy und mir unser Alter auch heutzutage nicht ansieht und man uns stets wesentlich jünger schätzt, fragten einige der anwesenden Gäste, ob wir unsere Kindheit hier verbracht hätten. Nun kamen wir nicht umhin, den staunenden

Gästen eine lange Geschichte zu erzählen. Gegen Mitternacht fanden wir endlich ins Bett.

An Bord des „California Zephir“

Unser nächstes Ziel war Denver. Am 30. Mai, gegen Mittag, bestiegen wir in New Orleans eine Boeing B737-300 der United Airlines, die uns nach einem knapp dreistündigen Flug nach Denver brachte. Dort wartete eine unvergessliche Bahnreise mit dem „California Zephir“ auf uns. Judys Nichte Sheri, die in der Nähe von Denver wohnt, hatte uns bereits im Voraus Fahrkarten für die Bahnreise mit dem Zephir von Denver über die Rocky Mountains nach Salt Lake City besorgt. Wir trafen uns mit ihr am Flughafen. Sie brachte uns mit ihrem Auto zu unserem Hotel in Bahnhofsnähe. Wir bedankten uns bei ihr mit einem Abendessen in einem guten Restaurant.

Am nächsten Morgen, es war der 31. Mai 2002, hatten wir uns verschlafen. Nun hieß es in aller Eile Koffer packen, das Hotelzimmer bezahlen, schnell noch einen Schluck Kaffee und einen Biss ins Toastbrot und ab ging es mit dem hoteleigenen Taxi zum Bahnhof. Es war wenige Minuten vor neun Uhr und um 09:00 Uhr sollte sich unser Superliner in Bewegung setzen. Als wir dann ziemlich abgehetzt am Bahnhof ankamen, wurde uns mitgeteilt, dass der Zug circa eine Stunde später abfahre. Wenn wir das vorher gewusst hätten, hätten wir uns mit dem Frühstück auch mehr Zeit lassen können!

Wir gaben unser Gepäck an der Gepäckabfertigung auf und suchten ein nettes Frühstücksrestaurant auf, um in aller Ruhe zu frühstücken. Danach kehrten wir zum Bahnhof zurück, um zu erfahren, dass sich die Abfahrt des Zuges weiter verzögere. Die Abfahrtszeit werde rechtzeitig bekannt gegeben. Den Grund für die Verzögerung hatte man uns nicht genannt. Wir sahen allerdings sehr viel Uniformierte, bestehend aus Sheriffs und Staatspolizei, herumlaufen. Wir konnten uns keinen Reim darauf machen.

Endlich, nach über drei Stunden Wartens, wurden die Passagiere auf den Bahnsteig gelassen. Um 12:30 Uhr setzte sich der

Zug langsam in Bewegung. Nach einer Dreiviertelstunde hielt der Zephir mitten in der Prärie auf offener Strecke an. Während der ganzen Fahrt kam der moderne **Superliner**, wie es auf den Reisewagen geschrieben stand, von der Geschwindigkeit her nicht über umgerechnet 50 km/h hinaus. Man wunderte sich schon. Alle Passagiere horchten auf, als eine Stimme über den Lautsprecher verkündete, dass die Lokomotive einen technischen Defekt habe und dass mit weiteren Verzögerungen zu rechnen sei. Sollte womöglich die ganze Reise jetzt ins Wasser fallen?, fragten wir uns. Als ein Schaden in der Elektronik behoben war, ging es noch immer nicht weiter. Man hatte eine zweite Lokomotive angefordert, weil die vorgespannte Lok zu schwach war, den kilometerlangen Zug, an den man unverständlicherweise zusätzlich eine Reihe Güterwagen angehängt hatte, fortzubewegen. Mit der zweiten Lok ging es schneller und die Geschwindigkeit konnte auf ein „atemberaubendes" Tempo von 80 km/h gesteigert werden. Dem äußeren Aussehen des Superzuges nach zu urteilen, hätte man eine Höchstgeschwindigkeit von mindestens 150 km/h erwarten können. Da lobe ich mir unsere ICE-Züge, die mit 250–300 km/h durch die Lande sausen.

Nach stundenlanger Fahrt waren die schneebedeckten Gipfel der Rocky Mountains in der Ferne zu sehen. Ab jetzt ging es nur noch im Schneckentempo weiter. Die beiden Lokomotiven schienen die Steigungen im Gebirge nicht zu schaffen. Also hielt der Zug an einer kleineren Station im Gebirge an. Über Funk wurde von irgendwoher eine dritte Lok angefordert. Bis diese zur Stelle war, waren wieder gut zwei Stunden vergangen. Sie wurde an das Ende des Zuges gespannt und musste helfen, den Zug zu schieben.

Derweil spielten sich im Zug recht interessante Dinge ab. Judy und ich befanden uns im Bistro, um einen kleinen Imbiss einzunehmen. Im Speisewagen hätten wir viel zu lange auf unser Essen warten müssen. Als wir so saßen und unsere kleine Mahlzeit einnahmen, fiel uns ein Randalierer im Cowboy-Look im vorderen Teil des Wagens auf. Er saß dort an einer kleinen Theke und bestellte bei der farbigen Bedienung einen Whisky nach dem anderen, wobei er mit Dollarscheinen nur so um sich warf. Er wurde immer lauter und sparte nicht mit beleidigenden Worten gegenüber der Bedienung. Seine Wortwahl wurde immer primitiver, sodass sich einige Fahrgäste beschwerten. Schließlich sah sich die Bedienung gezwungen, per Telefon einen Zugbegleiter herbeizurufen. Nach wenigen Minuten war dieser auch zur Stelle. Er bat den Randalierer höflich, sich in sein Zugabteil zu begeben und die Gäste im Bistro nicht weiter zu behelligen. Der Cowboy dachte nicht im Entferntesten daran, seine Position an der Theke aufzugeben. Als der Zugbegleiter ihn nochmals eindringlich aufforderte, das Bistro zu verlassen, wurde der Randalierer handgreiflich. Nun verließ der Zugbegleiter das Abteil und sagte sinngemäß: „Wir sehen uns gleich wieder." Es vergingen nur wenige Minuten und in der Tür stand ein zweiter Zugbegleiter vom Format eines Kleiderschrankes, der in zurückliegenden Jahren einmal Preisboxer oder Ringer gewesen sein musste. Er ging auf den renitenten Burschen zu, fasste diesen am Arm und sagte: „Jetzt begeben wir uns gemeinsam zu deinem Zugabteil." Auf einmal war unser Randalierer ziemlich kleinlaut geworden und ließ sich widerspruchslos aus dem Bistro bugsieren. Jetzt war erst einmal Ruhe im Karton. Judy und ich hatten unseren Imbiss längst vertilgt und begaben uns wieder auf unsere Plätze.

In unserem Reisewagen hielt sich eine englische Reisegruppe auf, mit der wir ins Gespräch kamen. Die Reiseleiterin, die übrigens auch etwas Deutsch sprach, hatte schon des Öfteren Reisen mit dem California Zephir unternommen. Sie war auch schon mit ihren Reisegruppen in Deutschland gewesen. Wir berichteten ihr von dem Vorfall im Bistro. Sie sagte, das sei nichts Neues. So etwas komme schon hin und wieder vor. Für eine Weile begaben Judy und ich uns in den Aussichtswagen und genossen die wildromantische Landschaft der Rocky Mountains.

Die schmale Eisenbahntrasse führte an steil aufragenden und ebenso steil abfallenden Felswänden entlang. Campingplätze an Gebirgsbächen waren gelegentlich zu sehen. An einem der Bäche machten sich Camper ein Gaudi daraus, den Fahrgästen im Aussichtswagen ihr nacktes Hinterteil zu zeigen. Man nannte dieses Spielchen „Vollmond“ oder „Halbmond“.

Es war schon später Nachmittag. Die Sonne begann sich langsam hinter die Gipfel zurückzuziehen. Ohne irgendeine Ankündigung stoppte der Zug an einer kleinen Bahnstation im Gebirge. Was ist denn nun schon wieder los?, fragten wir uns und schauten interessiert aus dem Abteilfenster in Richtung Bahnsteig, als ein Polizeiauto angefahren kam. Diesem entstiegen ein Sheriff und sein Gehilfe. Sie kamen auf unseren Zug zu. Bei einem der Reisewagen öffnete sich die Tür und es traten heraus die Zugbegleiter mit „unserem“ gefesselten Randalierer. Dieser wurde gleich vom Sheriff und dessen Deputy in Empfang genommen. Kurze Zeit später setzte sich der Zug wieder in Bewegung. Alle, die diese Szene sahen, waren von Neugierde ergriffen.

Was war passiert? Nachdem sich die Unruhe im Zug einigermaßen gelegt hatte, kamen wir mit der englischen Reisebegleiterin ins Gespräch. Wir befragten sie, ob sie etwas über die Festnahme des Störenfriedes habe in Erfahrung bringen können. Sie sagte uns, dass sie sich soeben mit einem der Zugbegleiter, den sie schon von früheren Reisen kannte, unterhalten habe. Dabei stellte sich heraus, dass die Festnahme des besagten Mannes eine Vorgeschichte habe. Der Mann im Cowboy-Look war Mitglied eines dreiköpfigen Gangstertrios, bestehend aus einer weiblichen und zwei männlichen Personen, das zuvor in Chicago einen Banküberfall verübt haben sollte. Die weibliche Person wurde noch in Chicago gefasst. Von den beiden anderen Tätern hatte man die Spuren verloren. Erst in Denver wurde man im California Zephir auf den zweiten Täter aufmerksam, als dieser den Lokführer mit einer Waffe bedrohte. Daher hatte man in Denver das gesamte Bahnhofsgelände abgeriegelt und den Zug so lange angehalten, bis man den Kriminellen zur Aufgabe seines Vorhabens, welches auch immer, überredet hatte. Von dem dritten Täter fehlte jede Spur. Dieser machte erst während der Fahrt im Reisezug durch sein ungebührliches und auffälliges Verhalten auf sich aufmerksam. Bei einer Leibesvisitation fand man über 50.000 US-Dollar bei ihm.

Als der Zephir dabei war, die Höhen der Rocky Mountains zu erklimmen, war es bereits dunkel. Das war eigentlich schade. Gerne hätte ich diese Phase mitverfolgt. Schuld daran waren die vielen unvorhergesehenen Aufenthalte und die technisch bedingten Verzögerungen. Mit siebenstündiger Verspätung lief unser Zug morgens um 07:30 Uhr am Bahnsteig von Salt Lake City im Staat Utah ein. Im Hotel, wo wir unser reserviertes Zimmer belegen wollten, schaute man uns ganz groß an und sagte, man habe nicht mehr mit uns gerechnet. Man gab uns zu verstehen, dass das Zimmer aber um 10:00 Uhr frei gemacht werden müsse. Da war nicht mehr an Schlaf zu denken.

Besuch einer historischen Stätte

Nach einem guten Frühstück holten wir unseren Mietwagen von der Autovermietung AVIS ab und fuhren zu einem historischen Ort, der sich Promontory nennt. Promontory liegt circa 32 Meilen westlich von Brigham City im Staat Utah. Genau an dieser Stelle vereinigte sich am 10. Mai des Jahres 1869 die von Osten herkommende Eisenbahnlinie der Union Pacific Railroad mit der von Westen kommenden Central Pacific Railroad. Am Treffpunkt der beiden Eisenbahnlinien wurde ein goldener Nagel in die betreffende Schwelle geschlagen. Damit war die erste einspurige Ost-West-Verbindung auf dem amerikanischen Kontinent mit der Eisenbahn hergestellt. Diese gewaltige Pioniertat hatte vielen Hundert irischen und chinesischen Arbeitern, die man zum Bau der Strecke herangezogen hatte, das Leben gekostet. Es waren billige Arbeitskräfte, die aber Schwerstarbeit leisten mussten.

Hill Aerospace Museum

Von Promontory aus fuhren wir nach Roy am Großen Salzsee und besuchten dort am 2. Juni das Hill Aerospace Museum. Es war das schönste und übersichtlichste seiner Art, das ich bislang gesehen hatte. Über propellergetriebene Jagd- und Bombenflugzeuge aus dem Zweiten Weltkrieg bis hin zu düsengetriebenen Jagd-, Aufklärungs- und Bombenflugzeugen der Nachkriegszeit war alles zu sehen, was die amerikanische Rüstungsindustrie zu bieten hatte. Der Star unter den zu besichtigenden Flugzeugen war ein superschnelles Aufklärungsflugzeug vom Typ SR71 **Blackbird**. Mit Mach 3+ hielt es den Geschwindigkeitsweltrekord. Es ist in der Lage, in einer Höhe von 26 Kilometern zu operieren. Außerdem war ein senkrecht startendes Erdkampfunterstützungsflugzeug vom Typ AV8B Harrier II zu sehen. In diesem Museum war ich voll und ganz auf meine Kosten gekommen.

Nationalparks im Süden Utahs

Am nächsten Tag legten wir circa 420 Kilometer mit unserem Buick Century bis Springdale im südlichen Utah zurück, um dort die vielen Nationalparks mit ihren Canyons und bizarren Felsformationen zu besichtigen.

Der bekannteste von ihnen ist der Zion National Park. Es ist erstaunlich, was Natur und Witterung im Laufe von Millionen von Jahren an merkwürdigen Felsbildungen geschaffen haben. Im Kolob Canyon, im nördlichen Teil des Zion National Parks, ist der größte freitragende Sandsteinbogen der Welt zu sehen. Die Spannweite beträgt über 100 Meter. Der Bryce Canyon mit seinen steil aufragenden roten Sandsteinsäulen, schmalen Pfaden und tiefen Schluchten ist ein wahrer Irrgarten. Ohne Führer findet hier keiner heraus.

Zu erwähnen wäre noch der Arches National Park mit seinen vielen interessanten und fantasievollen Gesteinsformationen. Sie haben verschiedene Namen, wie Nofretete, schwebender Fels, Fenster und Doppelfenster, Festung, drei Tratschtanten, Turm zu Babel, steinerne Brücke und Gabelbrücke.

Den Arches National Park und den Canyonlands National Park hatten wir von unserem neuen Stützpunkt Moab aus in Augenschein genommen. Die Canyonlands sind von tiefen Canyons durchzogene Hochplateaus. Sie erinnern an eine Marslandschaft.

Nun hatten wir uns lange genug in den National Parks aufgehalten. Es wurde Zeit, dass wir uns wieder in zivilisierte Zonen begaben. Am 7. Juni 2002 traten wir die 550 Kilometer lange Rückreise nach Salt Lake City an.

Salt Lake City

In Salt Lake City nahmen wir uns Zeit, die Stadt näher unter die Lupe zu nehmen. Sie wurde Mitte des 19. Jahrhunderts von den Mormonen unter ihrem Anführer Brigham Young gegründet.

Die Stadt besticht durch ein vorbildliches städtebauliches Konzept sowie Sauberkeit und Freundlichkeit der Bewohner. Das Wahrzeichen der Stadt ist der aus grauem Granitstein errichtete Mormonentempel. Er wurde nach einer 40-jährigen Bauzeit (1853–1893) vollendet. Der Bienenkorb ist im Mormonenstaat Utah das Staatssymbol. Damit soll der Fleiß der Bewohner zum Ausdruck gebracht werden. In Salt Lake City kamen wir nicht umhin, uns den weltberühmten „Mormon Tabernacle Choir" anzuhören.

Zum Schluss eine Bemerkung zur vielfach umstrittenen Vielweiberei bei den Mormonen: Vielweiberei hatte es tatsächlich bei den Mormonen gegeben. Es war allerdings eine Notlösung. Bedingt durch enorme Verluste (Krankheiten und Kämpfe mit Indianern), besonders bei den männlichen Glaubensbrüdern während der langen Wanderung von den Großen Seen durch den halben Kontinent, sollte mittels Vielweiberei die Glaubensgemeinschaft so schnell wie möglich wieder auf den Stand vor Beginn der großen Wanderung gebracht werden. Im Jahre 1890 wurde die Vielweiberei per Gesetz abgeschafft.

Spearfish in South Dakota

Am 10. Juni schwangen wir uns wieder in die Lüfte mit Kurs auf San Francisco. Dort verbrachten wir einige Tage bei Judys jüngstem Bruder Eldon und dessen Frau Milvi, bevor die Reise mit dem Flugzeug über Denver nach Bismarck in North Dakota weiterging. Der Flug von San Francisco nach Denver erfolgte in einer nagelneuen Boeing B777-200/300. Es war ein ganz neues Fluggefühl. Die Turbulenzen in der Luft waren kaum zu spüren. Alles war wie luftgefedert. In Denver hieß es umsteigen auf eine propellergetriebene Fairchild/Dornier 328. Im Gegensatz zur B777-200/300 waren auf dieser Strecke, allein schon wegen der geringeren Flughöhe, einige Turbulenzen zu verspüren. Um 14:18 Uhr landeten wir wohlbehalten in Bismarck/North Dakota, wo Judys Mutter bereits mit ihrem Prizm auf uns wartete.

Wir hielten uns allerdings nur einen Tag in Bismarck auf, weil wir uns in Spearfish/South Dakota unter anderem die in den USA weithin bekannten Passionsspiele ansehen wollten. Wir, das heißt Judy, ihre Mutter und ich, fuhren am Morgen des 16. Juni gegen 8:00 Uhr los und waren am frühen Nachmittag in Spearfish am nördlichen Rand der Black Hills. Da die Passionsspiele erst abends um 19:00 Uhr begannen, hatten wir uns entschlossen, vorher der benachbarten, ehemaligen Spielhöllen- und Goldgräberstadt Deadwood einen Besuch abzustatten.

Hilfeleistung in einer Goldgrube

Die stillgelegte Goldmine mit Namen „Homestake“, die noch aus der Zeit des Goldrausches stammt, wollten wir unbedingt besichtigen. Ich kann mich nicht erinnern, dort mit einem Förderkorb in einen Schacht hinabgefahren zu sein. Der Hauptgang führte direkt, das heißt horizontal in den Berg hinein. Von da aus ging es über schmale Gänge, die schwach beleuchtet waren, zu den einzelnen Stollen.

Die Atmosphäre im Berg war irgendwie beklemmend und die Luft war stickig. Goldadern haben wir keine mehr entdecken können. Eine Touristenführerin erklärte uns gerade die Abbaumethoden in der Goldgrube, als wir plötzlich einen dumpfen Schlag auf dem betonierten Boden vernahmen. Judy und ich drehten uns um und sahen eine junge Besucherin mit dem Rücken bewegungslos auf dem Boden liegen. Sie war offensichtlich ohnmächtig geworden und dabei mit dem Hinterkopf direkt auf den harten Boden gefallen. Sie hatte mit ihren Eltern an der Führung teilgenommen. Ihre Eltern waren aber schon etwas vorausgegangen und hatten von dem Unfall ihrer Tochter nichts mitbekommen.

Judy und ich erfassten die Situation sofort und eilten zur Unfallstelle. Judy hob den Kopf des Mädchens leicht an und legte eine Jacke darunter, während ich – wie im Erste-Hilfe-Kurs gelernt – die Beine ergriff und diese anhob, damit das Blut aus den Beinen wieder in den Kopf gelangte. Kurz darauf kam die junge Dame zu sich und fragte: „Wo bin ich?“ Als sie sah, dass ein fremder Mann sich ihrer Beine bemächtigt hatte, war das Bewusstsein schnell wieder da. Die Situation war ihr offensichtlich peinlich. Sie stand mit unserer Hilfe auf und errötete leicht. Inzwischen waren ihre Eltern auch zur Stelle. Leicht geschockt nahmen sie ihre Tochter in die Arme. Bald darauf war die Führung beendet und alle Besucher waren froh, wieder das Tageslicht zu sehen und frische Luft atmen zu können.

Passionsspiele in Spearfish

Gegen 19:00 Uhr begannen in Spearfish die Passionsspiele. Wir waren rechtzeitig zur Stelle. Die Spiele fanden im Freien statt. Man hatte eine große Freilichtbühne hergerichtet. Die Tribünen fassten einige 1.000 Zuschauer. Im Vergleich zu Erl in Österreich oder Garmisch-Partenkirchen in Bayern fand hier alles in einem viel größeren Maßstab statt. Die Darsteller hatten ganz moderne Kopfmikrofone. Sprache und Geräusche wurden mittels Lautsprechern übertragen. Es wurde weder mit Statisten noch mit Tieren gegeizt. So zog zum Beispiel eine Kamelkarawane im Hintergrund vorbei. Weidende Schafe mit ihren Hirten bewegten sich im Vordergrund. Der Hauptdarsteller ritt auf einem Esel. Die Vorstellung war ganz einmalig.

Das Ganze zog sich bis in die Nacht hinein. Es war dazu ein wunderschöner Juniabend mit einer sternenklaren Nacht. Nachdem die Sonne untergegangen war, wurde die Bühne mit starken Scheinwerfern erhellt. Diese Spiele sind für uns ein bleibendes Erlebnis. Gott sei Dank konnten wir unseren angemieteten Bungalow zu Fuß erreichen. Eine Bemerkung am Rande: Die Passionsspiele wurden nach dem Zweiten Weltkrieg von einem Deutschen namens **Josef Meier** aus Lünen in Westfalen in Spearfish eingeführt.

Einen erheiternden Anblick boten am nächsten Morgen Eichhörnchen, die auf unserer Terrasse herumliefen und an den von den Nadelbäumen herabgefallenen Zapfen knabberten. Sie waren zahm und erhaschten Erdnüsse aus den Händen der Touristen.

Mount Rushmore und Custer State Park

Am nächsten Tag war eine Tour durch die Black Hills vorgesehen. Zunächst steuerten wir das Mount Rushmore National Monument an, wo in einer riesigen Felswand aus Granit die Porträts – wie schon früher beschrieben – von vier berühmten amerikanischen Präsidenten (Washington, Jefferson, Ted Roosevelt und Lincoln) eingemeißelt sind. Der Schöpfer dieses Monuments war ein Gutzon Borglum. Es war sein Lebenswerk.

Als wir dort eintrafen, war man mit Konservierungsarbeiten an den Köpfen beschäftigt. Uns bot sich eine belustigende Szene: Ein Restaurator ließ sich an einem Seil vom 20 Meter hohen Kopf des Präsidenten Lincoln herab und tanzte diesem dabei auf der Nase herum. Natürlich kamen wir anschließend nicht umhin, in einem nahe gelegenen Restaurant ein Essen mit einer Scheibe Buffalo Roast zu bestellen.

Unsere Route führte zum Schluss durch den Custer State Park. Dort sahen wir ein kleines Wunder. Der einst fast ausgerottete Bison erlebte im Custer State Park eine Art Auferstehung. Die dort unter Schutz stehenden Herden zählten seit unserem letzten Besuch vor 37 Jahren inzwischen über 1.700 Tiere.

Am 18. Juni traten wir morgens gegen neun Uhr die Rückreise an und waren gegen drei Uhr nachmittags wieder in Bismarck.

Washington, D. C.

Das Weiße Haus in Washington

Die Zeit des Abschieds war mal wieder gekommen. Aber noch war unsere Reise nicht beendet. Am 25. Juni bestiegen wir eine Maschine vom Typ CANADAIR CL65 der United Express Fluglinie, die uns bis Denver im Staat Colorado brachte. Von dort aus ging es weiter mit einem Airbus A 320-100/200 der United Airlines nach Washington, D. C., wo wir noch ein kleines Besichtigungsprogramm einlegten. Wir nahmen an Führungen durch das Weiße Haus und das Kapitol teil. Ferner begaben wir uns zum George Washington Memorial, ein 170 Meter hoher Obelisk, von dessen Aussichtsplattform man einen großartigen Rundblick über Washington hat. Den Höhepunkt unseres Programmes bildete der Besuch der in aller Welt bekannten Smithsonian Institution. Hierbei handelt es sich um eine von einem J. Smithson im Jahre 1846 gestiftete Einrichtung zur Förderung von Wissenschaft und Forschung mit inzwischen über einem Dutzend Museen und Galerien. Ich war vom National Air and Space Museum fasziniert, wo unter anderem die Space Shuttles „Columbia“ und „Discovery“ zu sehen waren.

World Trade Towers in New York

Am 27. Juni ging es nun endgültig heimwärts. In Washington, D. C., nahmen wir in einer Boeing B777-200/300 Platz und landeten, verbunden mit einem Abstecher in New York, nach einem knapp achtstündigen Flug in Frankfurt am Main. Dann ging es nochmals mit einer Boeing B737-300 in die Luft und wir landeten nach einem 40-minütigen Flug auf dem Flughafen Köln/Bonn. Eine erlebnisreiche Reise war zu Ende.

Der Südwesten der USA (Arizona)

Am 21. Juli 2008 bestiegen Judy und ich eine Boeing B767-300 der United Airlines nach Los Angeles. Das war aber nicht unser eigentliches Ziel. Wir wollten nach Phoenix im Staat Arizona. Von Los Angeles aus ging es um 06:50 Uhr weiter nach Phoenix. Nach einem eineinhalbstündigen Flug in einer Canadair der United Airlines waren wir um 08:11 Uhr in Phoenix.

Dort angekommen, war unser erster Gang zur Alamo-Autovermietung am Flughafen, um unser reserviertes Auto abzuholen. Ein Angestellter der Autovermietung versuchte gleich, uns über den Tisch zu ziehen, indem er uns mitteilte, dass das von uns gewünschte Fahrzeug im Augenblick nicht zur Verfügung stehe. Dafür könne er uns aber ein anderes Fahrzeug in einer höheren Preisklasse geben. Auf diesen Vorschlag sind wir nicht eingegangen. Wir bestanden auf dem von uns ausgewählten und im Voraus bezahlten Mietauto der mittleren Preisklasse. Daraufhin bot man uns einen Pick-up an. Auch dieses Angebot lehnten wir ab. Erst als ich drohte, den ADAC in Deutschland, über den ich das Fahrzeug gebucht hatte, anzurufen, bot man uns einen Toyota Prius (Hybridfahrzeug) an.

Mit dem Vorschlag erklärte ich mich einverstanden. In der Annahme, dass sich ein Toyota so ähnlich fahren lasse wie unser Mitsubishi in Deutschland, begab ich mich zum Auto. Als ich den Toyota starten wollte, bemerkte ich, dass man offensichtlich vergessen hatte, mir den Schlüssel zum Starten des Wagens mitzugeben. Also ging ich noch einmal zurück zum Büro der Autovermietung und reklamierte den fehlenden Startschlüssel. Im Gesicht des Bediensteten bemerkte ich ein leichtes Grinsen. Dann erklärte man mir, dass es für den Toyota Prius keines Startschlüssels bedürfe, und deutete auf einen kleinen, beinahe quadratisch aussehenden Plastikanhänger von der Größe einer halben Streichholzschachtel. Man erklärte mir, dass dieser Plastikanhänger in eine Öffnung am Armaturenbrett, direkt neben der Lenkradsäule, eingeführt werden müsse, um das Fahrzeug zu starten. Ich bedankte mich und begab mich wieder zum Auto.

Dort war im Armaturenbrett auch die beschriebene Öffnung zu erkennen. Ich schob diesen merkwürdigen Starter in die vorgesehene Öffnung, aber nicht, ohne mich vorher vergewissert zu haben, dass die Bremse angezogen und der Gang im Leerlauf (NEUTRAL) stand. Es tat sich nichts! Vielleicht hatte ich dieses moderne Ding verkehrt herum in die Öffnung gesteckt? Also drehte ich das Plastikgebilde herum und versuchte mein Glück noch einmal. Keine Reaktion! Allmählich war ich der Verzweiflung nahe. Mir stand schon der Schweiß auf der Stirn. Wollte mich der Typ von der Autovermietung etwa auf den Arm nehmen? Mein Stolz verbot es mir, mich nochmals zum Büro zu begeben und mich durch banale Fragen zu blamieren. Judy und ich suchten das ganze Armaturenbrett ab, um etwas wie einen Startknopf zu finden. Tatsächlich entdeckten wir einen oben auf dem Armaturenbrett eingelassenen Knopf. Der musste gewiss eine Bedeutung haben. Ich drückte drauf und man konnte ein leises Summen hören. In diesem Augenblick fiel mir das Startsystem an meinem alten Volkswagen Käfer aus dem Jahre 1951 ein, der ein ähnliches Startsystem besaß. Nun trat ich ganz vorsichtig auf das Gaspedal und es ertönte ein lautes Motorengeräusch. Hurra! Wir hatten es geschafft und den Motor in Gang gebracht. Alles Weitere erschien uns jetzt wie ein Kinderspiel. Gang in DRIVE und raus aus dem warmen Parkhaus.

Außerhalb des Gebäudes war es noch wärmer, wie wir feststellen mussten. Wir öffneten sämtliche Autofenster, um unseren verschwitzten Körpern durch den Fahrtwind Kühlung zu verschaffen. Das half nicht viel. So ein modernes Fahrzeug wie der Toyota Prius musste doch eine Klimaanlage an Bord haben! Aber wie funktionierte sie? Während ich anhand der Wegweiser den kürzesten Weg zum Highway 10 suchte, probierte Judy alle Knöpfe am Armaturenbrett aus, um die Klimaanlage in

Gang zu bringen. Schließlich erwischte sie einen Knopf, der jede Menge Luft ins Cockpit beförderte, die aber stetig wärmer wurde. Wir hielten es bald vor lauter Hitze nicht mehr aus. Nach einer halben Stunde lief uns der Schweiß in Strömen von der Stirn. Gemäß einer Temperaturanzeige an einer Häuserwand herrschten in Phoenix 106 Grad Fahrenheit (ca. 41 Grad Celsius). Nun kam einer von uns auf die Idee, im Handschuhfach nach einer Bedienungsanleitung zu suchen. Bingo!! Im Handschuhfach befand sich eine mehrsprachige, fast hundert Seiten umfassende Betriebsanleitung. Zwar nicht in Deutsch, dafür aber in Englisch. Das war für Judy natürlich kein Problem. Langsam, aber sicher tastete sie sich an die einzelnen Funktionen heran. Wir waren inzwischen echt am Braten. Jetzt schien sie den richtigen Knopf erwischt zu haben. Ein im Armaturenbrett eingelassener Monitor leuchtete auf. Auf diesem ließ sich durch Berühren der Mattscheibe die gewünschte Temperatur einstellen. Es war geschafft. Gott sei Dank!

Wir schlossen die Autofenster und setzten unsere Fahrt mit Erleichterung in Richtung Tucson fort. Wir waren ziemlich geschafft. Seit zwei Tagen waren wir nun ununterbrochen auf den Beinen. Das hatte Folgen, wie sich bald herausstellte. Seit über einer Stunde rollten wir nun schon mit 55 mph (ca. 90 km/h) über den Highway 10.

Nur das monotone Fahrgeräusch war zu hören. Bei uns kam eine gewisse Müdigkeit auf. Die Augenlider wurden immer schwerer. Plötzlich wurde ich durch ein Rattern und Vibrieren der Reifen aus dem Schlaf gerissen. Judy schrie auf: „Dieter, was machst du?“ Was war geschehen? Ich war in einen Sekundenschlaf gefallen und das Fahrzeug war von der Fahrbahn abgekommen und über einen farbig markierten und stark gewellten Fahrbahnbegrenzungsstreifen gefahren. Es fühlte sich an, als fahre man über eine Panzerkette. Das war unsere Rettung. Unser Prius befand sich inzwischen mit der einen Fahrzeughälfte noch auf der Fahrbahn und mit der anderen Hälfte am Grabenrand. Schnell hatte ich die gefährliche Situation erfasst und brachte das Auto wieder unter Kontrolle. Mir war ein Schreck durch alle Glieder gefahren. Ich fuhr den nächsten Parkplatz an und machte zehn Minuten lang Gymnastikübungen, damit der Kreislauf wieder in Gang kam. Danach peilte ich die nächste Ortschaft an – ich glaube sie hieß Casa Grande –, um eine längere Pause einzulegen. In einem kleinen Restaurant erfrischten wir uns an Eis und zwei großen Tassen Kaffee. Gestärkt und erfrischt setzten wir unsere Reise nach Tucson fort. Eigentlich hatten wir bis Tombstone fahren wollen. Aber angesichts unserer Ermüdungserscheinungen hielten wir es für sinnvoll, die Reise für diesen Tag in Tucson zu beenden.

In der Nähe von Tucson entdeckten wir ein Hinweisschild zu einem Air & Space Museum namens Pima. Das war natürlich etwas für mich. Ohne lange zu überlegen, hielten wir Ausschau nach einem preiswerten Motel und fanden auch gleich eins. Es nannte sich Quality Inn. Hier waren wir gut aufgehoben. Das Pima-Flugzeugmuseum musste leider noch einen Tag auf unseren Besuch warten.

Wie ursprünglich vorgesehen, statteten wir am 23.07. zunächst der legendären und zugleich berühmt-berüchtigten Stadt Tombstone einen Besuch ab. Dort hatte am 26. Oktober des Jahres 1881 am O. K. CORRAL eine der größten Schießereien des Wilden Westens stattgefunden. Heutzutage steht der Stadtteil, wo die Schießerei stattfand, unter Denkmalschutz. Straßen und Gebäude wurden im Originalzustand belassen bzw. dementsprechend wiederhergerichtet. Zweimal täglich ließ man das historische Geschehen in Form einer ziemlich bleihaltigen Aufführung wiederaufleben. Dazu ließ man auch die Akteure von damals wieder auferstehen.

Der ganze nächste Tag (24.07.) war ausgefüllt mit einem Besuch des Pima Air & Space Museums. Auf mehreren Startbahnen eines ehemaligen Flugplatzes waren auf einem riesigen Gelände wohl über 400 alte und neue Flugzeuge aufgereiht. Trotz der großen Hitze von annähernd 45 Grad Celsius gab es bei mir keinerlei Ermüdungserscheinungen. Ich wurde nicht müde zu schauen. Judy hatte sich im Empfangsgebäude ein ruhiges Plätzchen ausgesucht, wo sie ungestört lesen konnte.

Nach dem Verlassen des Pima Air & Space Museums am Nachmittag machten wir einen Abstecher in einen National Park bei Tucson. Es handelte sich um den Saguaro-Nationalpark, der aus dichten Kakteenwäldern besteht. Die wie Telegrafenmasten aussehenden Säulenkakteen vermittelten einen bizarren Anblick. Es war ein anstrengender Tag. Abends fielen wir wieder müde ins Bett.

Am nächsten Tag traten wir die Rückreise nach Phoenix an. Unsere ehemaligen Nachbarn aus New Orleans, Frau Inge O'Quin und deren Tochter Brigitte, hatten sich vor Jahren in der Ortschaft Scottsdale bei Phoenix niedergelassen. Wir wollten die USA nicht verlassen, ohne ihnen einen Besuch abgestattet zu haben. Inge hatte in Scottsdale ein kleines Apartment in einem Altenheim bezogen und Brigitte war nach dem Ableben ihres Mannes ebenfalls nach Scottsdale in die Nähe ihres Sohnes Ari gezogen. Brigitte nahm uns für ein paar Tage bei sich in ihrem feudalen Bungalow auf. Unser Hauptanliegen war, ihre 84-jährige Mutter im Altenheim zu besuchen. Wir hatten ihr zwei Flaschen „Klosterfrau Melissengeist", um die sie uns gebeten hatte, aus Deutschland mitgebracht. Beim Zoll wurden die Flaschen als Medizin deklariert und durften passieren. Bald mussten wir erfahren, dass diese Medizin nicht ausschließlich zum Einreiben gedacht ist, sondern auch getrunken werden kann. Jedenfalls übergaben wir der lieben Inge bei unserem Besuch die beiden Flaschen mit dem köstlichen Inhalt und versprachen, am nächsten Tag wiederzukommen. Brigitte, die uns freundlich in ihrem Haus aufgenommen hatte und uns während unseres Aufenthaltes vorbildlich betreute und versorgte, nahm uns am nächsten Tag mit zu ihrer Mutter ins Heim.

Wir waren ein wenig schockiert, als wir die Inge am Morgen

sahen. Sie machte einen betrunkenen Eindruck und das Sprechen fiel ihr schwer. Auf unsere Frage, ob sie von dem „Klosterfrau Melissengeist“ schon mal probiert habe, antwortete sie: „Natürlich, beide Flaschen kurz hintereinander.“ Damit hatten wir allerdings nicht gerechnet. Bei der Verabschiedung war uns klar, dass wir sie auf diesem Planeten nicht mehr sehen würden. Sie starb acht Jahre später im Alter von 92 Jahren.

Der 30. Juli war unser Rückreisetag. Brigitte brachte uns mit ihrem Geländewagen zum Flughafen. Bei der Verabschiedung bedankten wir uns ganz herzlich bei ihr für ihre Gastfreundschaft und luden sie zu uns nach Sankt Augustin ein.

Morgens um 06:35 Uhr, bestiegen wir in Phoenix einen Airbus A320 der United Airlines, der uns in einem dreieinhalbstündigen Flug nach Chicago brachte. Von dort aus ging es um 15:45 Uhr mit einer Boeing B747-400 der United Airlines weiter nach Frankfurt/Main. Nach einem achtstündigen Flug landeten wir morgens um 06:55 Uhr in Frankfurt. Damit war wieder eine Episode zu Ende gegangen.

Reise zu den Mayas und Azteken

Judy und ich hatten für den Monat April einen längeren Urlaub nach Mittelamerika eingeplant. Durch geschickten Einbau der Osterfeiertage hatten wir drei Wochen zur Verfügung. Bei der Fluggesellschaft Eastern Airlines wurden damals preiswerte Sonderflüge nach Mittelamerika angeboten. Solch eine günstige Gelegenheit, die Welt südlich der USA kennenzulernen, wollten wir uns nicht entgehen lassen. Also buchten wir eine Reise nach Mexiko und Guatemala. In Guatemala, dem Land des ewigen Frühlings, gedachten wir den ersten Teil unseres Urlaubs zu verbringen. Uns interessierten, wie immer, Land und Leute. Von den Mayas hatten wir schon viel gehört. Nun hatten wir erstmals Gelegenheit, mit ihnen in persönlichen Kontakt zu treten. Nicht so sehr in der Hauptstadt Guatemalas, Guatemala City, sondern außerhalb der Großstadt, wie zum Beispiel in Antigua, fühlte man sich in eine andere Welt versetzt.

Umgeben von den Vulkanen Acatenango, Fuego und Agua und auf circa 2.000 Meter Höhe in subtropischer Landschaft befindet sich die alte, teilweise von einem Erdbeben zerstörte Hauptstadt Antigua. Kirchen, öffentliche Gebäude, wie zum Beispiel das Rathaus und der Gouverneurspalast sowie Brunnen und Marktplatz, stammen noch aus der spanischen Kolonialzeit. Wir entschieden uns, in diesem malerischen Ort einige Tage zu verbringen. Als Bleibe wählten wir das als Herberge umgebaute Kloster „Posada Belem“. Alles war im alten spanischen Kolonialstil eingerichtet. Es existierte noch der für ein Kloster typische Kreuzgang. Außerdem gab es einen Innenhof mit einem großen Springbrunnen, an dessen oberem Rand sich Papageien aufhielten. Sagte man zu einem von ihnen auf Spanisch: „Gib das Füßchen“, und streckte den Arm zu ihm aus, kletterte der gefiederte Geselle am Arm hoch bis auf die Schulter. Ich hatte es auch einmal probiert und einem der Papageien meinen Arm hingehalten. Er nahm die Einladung gleich an und wollte gar nicht mehr herunter. Ich hätte mit ihm durch die ganze Anlage spazieren können, ohne dass er davongeflogen wäre. Nur mit Mühe konnte ich den anhänglichen Burschen dazu überreden, sich wieder auf den Brunnenrand zu begeben.

Da wir über Ostern in Antigua weilten, hatten wir das Glück, die dortigen Osterfeierlichkeiten mitzuerleben. Interessant war die Karfreitagsprozession, die sich über eine Blumenstraße, bestehend aus bunten Sägespänen, hinzog. Die Teilnehmer an der Prozession trugen auf ihren Schultern schwere hölzerne Podeste, auf denen sich übergroße Heiligenfiguren befanden. Die kleinen Mayas mit einer Körpergröße von höchstens 1,60 Metern drohten unter dem enormen Gewicht zusammenzubrechen. Das war für sie wirklich ein Martyrium. Sie taten uns echt leid. Natürlich wurden die Träger von Zeit zu Zeit ausgewechselt, aber trotzdem!

Wenn man durch die Straßen und Gassen Antiguas stromerte, lag ein Hauch von verbranntem Maisstroh oder manchmal auch der Duft von Kiefernholz in der Luft. Das Klima auf 2.000 Meter Höhe war angenehm sonnig und kühl. Im Gegensatz zu Louisiana war hier kaum Luftfeuchtigkeit zu verspüren.

Bei einer gebuchten Autofahrt durch das Hochland von Guatemala kamen wir an Kaffeeplantagen, Kiefernwäldchen und Maisfeldern vorbei. Guatemala ist bekannt für seinen guten Kaffee. Wir hatten damals das Glück, eine Kaffeeplantage mit Verarbeitungsbetrieb besichtigen zu können. In San Antonio de Aguas Calientes konnten wir einheimischen Weberinnen bei der Herstellung von Decken, Deckchen und Wandbehängen zuschauen. In Patzún betraten wir eine alte Kirche mit einem massiven, silbernen Altar. Die Kirchen hier oben im Hochland waren erfüllt von Weihrauch und Kieferduft. Auf unserer Fahrt durch das Hochland Guatemalas in das Gebiet der Quiché-Indianer streiften wir auch die Stadt Chimaltenango, die an einer Wasserscheide liegt. Sie weist eine Besonderheit auf. Im

Stadtpark von Chimaltenango gibt es einen Brunnen, dessen Wasser zur einen Seite in den Pazifik und zur anderen Seite in den Atlantik fließen.

Die Reise ging weiter in Richtung Chichicastenango, einer Hochburg der Quiché-Indianer. Auf dem Wege dorthin gelangten wir bei Panajachel an den Atitlán-See. Es ist der zweitgrößten See Guatemalas. Er misst 20 Kilometer in der Länge und acht Kilometer in der Breite. Er ist ein reiner Kratersee mit einer Tiefe von beachtlichen 333 Metern. Wir ließen uns dazu verführen, in dem schönen, klaren Gewässer zu schwimmen. Zuvor hatte man uns vor warmen und kalten Schichten bzw. Strömungen im See gewarnt. Diese Temperaturunterschiede bekamen wir auch gleich zu spüren. Ich konnte mir vorstellen, dass es beim Übergang von einer warmen in eine kalte Strömung sehr leicht zu einem Kälteschock kommen könnte. Deshalb wagten wir uns nicht zu weit in den See hinaus. Es war trotzdem sehr beeindruckend, in dem von riesigen Vulkanen, wie Atitlán, San Pedro und Tolimán, umgebenen Hochgebirgssee zu baden. An den etwas sanfteren Hängen des San Pedros wurde Kaffee angebaut.

Wir übernachteten in einem der exotischen Umgebung angepassten Hotel. Am nächsten Morgen bestiegen wir ein Postboot, welches uns an das gegenüberliegende Ufer des Sees nach Santiago de Atitlán brachte. Jetzt waren wir in einer urtümlichen Mayasiedlung gelandet. Sie bestand überwiegend aus weiß getünchten Lehmhütten mit Strohdächern. Hier fiel uns die besondere Tracht der Frauen auf. Sie trugen rote Röcke und bunte Blusen. Ihr blauschwarzes Haar war zu Zöpfen geflochten, in denen bunte Bänder eingearbeitet waren. An der Farbe der Bänder war der Familienstand der jeweiligen Trägerin zu erkennen. Wäschekörbe und Schüsseln balancierten die Frauen auf ihren Köpfen. Zu diesem Zwecke waren deren Zöpfe auf dem Kopf zu einer Art Plattform gewunden. Die Frauen wuschen am Seeufer Wäsche, während die Männer in kleinen Booten auf Fischfang aus waren.

Beim Mayastamm der Quiché in Chichicastenango

Am darauffolgenden Tag erreichten wir nach mehrstündiger Fahrt unser Ziel, die Stadt Chichicastenango, die zu 95 Prozent von einem der Hauptstämme der Mayas, den Quiché bewohnt ist. Uns fiel sofort die Stammestracht dieser kleinen, aber emsigen und quirligen Menschen auf. Sie trugen schwarze, wie Filz wirkende Jacken und ebenso schwarze, wadenlange Hosen. An den Füßen hatten sie schwere lederne Sandalen und der Kopf war mit einer Art Turban bedeckt, bei dem die rote Farbe vorherrschte.

Judy und ich hatten uns als Bleibe für die nächsten zwei Nächte das malerische Hotel **Maya Inn** ausgesucht. Es hatte gleichzeitig Museumsfunktion. In diesem Hotel erhielt jeder Gast einen einheimischen Diener, der für das Zimmer und die Bedienung bei den Mahlzeiten zuständig war. Die Zimmertüren blieben Tag und Nacht unverschlossen. Die Türen hatten zwar Riegel, aber keine Schlösser. Für die Sicherheit der Gäste war ebenfalls der Diener zuständig. Der Name unseres Dieners lautete Pedro Tol. Er war absolut ehrlich und zuverlässig. Ich hatte einmal eine Banknote im Zimmer liegen lassen. Sie lag nach unserer Rückkehr von einem Ausflug noch immer am selben Platz.

Judy und ich hatten das Glück, Chichicastenango an einem Markttag zu erleben. Auf dem Marktplatz drängten sich Buden und Verkaufsstände mit allen möglichen Erzeugnissen aus der Umgebung. Hauptprodukt waren Töpferwaren. Aus allen Richtungen kamen die Indios aus den Bergen herbeigeströmt. Auf ihrem Rücken schleppten sie Stiegen mit irdenen Krügen, Schüsseln, Töpfen etc. kilometerweit aus den umliegenden Dörfern herbei. Zur günstigeren Gewichtsbewältigung und Gewichtsverteilung hatten die Träger Stirnbänder angelegt, die mit den schweren Stiegen verbunden waren.

Der Marktplatz von Chichicastenango weist zwei sich gegenüberliegende Kirchen auf, von denen die Kirche Santo Tomás die ältere und bedeutendere ist. Sie wurde an der Stelle eines früheren Mayatempels errichtet. Daran erinnern noch heute 18 breite Stufen – entsprechend der Monatszahl des alten Mayakalenders –, die zum Kirchenportal führen. Vor der Kirche und auf den Stufen, die zum Kircheneingang führen, trafen wir viele Weihrauchgefäße schwenkende und Gebete murmelnde Indios an. In der Kirche selbst hatten die Indios auf den Gängen wunderschöne Blumenornamente in Karreeform arrangiert, die von einzelnen Gebete murmelnden Familien umlagert waren. In dieser Kirche, wie in so vielen anderen, wurde nicht nur Gott, sondern auch den heidnischen Vorfahren gehuldigt.

In diesem Zusammenhang fällt mir eine Episode ein, die Judy und ich etwas außerhalb der Stadt erlebten: Judy und ich standen gerade an einer Straßenecke, als wir von einem Indio auf Deutsch angesprochen wurden. Er fragte, ob er uns helfen könne. Wir bejahten seine Frage und ließen ihn wissen, dass wir zum Götzen wollten. Er war hilfsbereit und erklärte uns den Weg. Auf unsere Frage, woher er Deutsch spreche, gab er uns zur Antwort, dass vor Jahren ein deutscher Missionar in Chichicastenango gewirkt habe und den Indios einige deutsche Phrasen beigebracht habe.

Danach begaben wir uns von einem aus der Stadt führenden Pfad auf eine mit Kiefern bestandene Anhöhe. Oben angekommen, tat sich eine Lichtung auf, die den Blick auf eine in schwarzes Basaltgestein gemeißelte Götzenfigur freigab. Die Figur bestand aus einer grässlichen Fratze mit halbem Oberkörper (Torso) und war von einem Halbkreis aus Steinen umgeben. Die Lichtung war angefüllt mit Indios, die außer großen Taschen mit Weihrauchvorrat auch Macheten bei sich trugen. Ähnlich wie an der Kirche Santo Tomás wurden auch hier Weihrauchgefäße geschwenkt und Gebete gemurmelt. Gelegentlich zauberte der eine oder andere Indio ein Trinkgefäß hervor, trank einen Schluck daraus und spendete dem Götzen, der offiziell

Pascual Abaj heißt und in der Mayasprache als Irk oder Irque (phonetisch) bezeichnet wird, ebenfalls einen Schluck.

Judy und ich waren die einzigen fremden Beobachter der ganzen Szene. Man nickte uns freundlich zu und wollte uns auch zu trinken geben. Wir lehnten dankend ab, was wir vielleicht nicht hätten tun sollen; denn augenblicklich schlug die bislang freundliche Stimmung bei den Indios ins Gegenteil um. Ich schickte mich gerade an, mit meiner neuen Kamera Filmaufnahmen zu machen, zog es aber angesichts der veränderten Situation vor, dies zu unterlassen. Die Mienen der Indios verfinsterten sich und teilweise machte man uns gegenüber Drohgebärden. Wir hielten es jetzt für angebracht, den Rückwärtsgang einzulegen.

Wir begaben uns auf dem gleichen Weg wieder zurück. Während des schätzungsweise 20-minütigen Rückmarsches hörten wir im Unterholz rechts und links des Weges knackende Geräusche, als würden Rehe durchs Gehölz stöbern. Als wir am Fuße der Anhöhe angelangt waren, standen einige der Indios vom Berg bereits unten und hatten uns gekonnt abgefangen. Die knackenden Geräusche im Unterholz entpuppten sich nun als vorbeihastende Indios. Die kleinen Kerle sind flink und ausdauernd. Sie empfingen uns mit einem breiten Grinsen auf den Gesichtern und fuchtelten mit ihren Macheten herum. Wir grinsten zurück und bahnten uns einen Weg durch deren Reihen. Wir hatten verstanden! Man wollte uns einen Schreck einjagen und uns gleichzeitig eine Lehre erteilen, ihre Bergandacht in Zukunft nicht mehr zu stören.

Nach diesem Abenteuer begaben wir uns mit unserem Fahrer auf den Rückweg nach Antigua, wo wir die letzte Nacht vor unserem Abflug nach Mérida im Hotel Antigua verbrachten. Auf der langen Fahrt von Chichicastenango nach Antigua hatten wir hinreichend Gelegenheit, uns mit dem Fahrer zu unterhalten. Sein Name war Salvador. Außer Judy und mir war noch ein älteres amerikanisches Ehepaar mit Namen Vincens im klapprigen Buik. Im Verlaufe des Gespräches stellte sich heraus, dass wir drei Männer alle einmal in unserer jeweiligen nationalen Luftwaffe gedient hatten. Salvador hatte sogar auf dem gleichen Flugzeugmuster wie ich geschult, auf dem Air Trainer 6 „Texan“. Als Herr Vincens vernahm, dass ich Deutscher bin und wir in New Orleans wohnen, sprach er spontan eine Einladung zu sich nach Tucson in Arizona aus. Frau Vincens kam jedoch nicht umhin, ihren Mann zu warnen mit den Worten: „Gib acht! Du hast es mit Deutschen zu tun. Die halten, was sie versprechen!“ Es folgte ein allgemeines Gelächter.

Ansonsten genossen wir während der langen Fahrt noch einmal die malerische Landschaft, bevor wir uns in Antigua von unseren Mitfahrern und dem Fahrer Salvador verabschiedeten. Salvador erhielt noch ein ordentliches Trinkgeld. In Guatemala habe ich übrigens meine schönsten und interessantesten Filmaufnahmen während der gesamten Reise gemacht.

Judy und ich hatten ursprünglich geplant, von Guatemala City aus mit einer alten, klapprigen DC3 nach Tikal zu fliegen, um eine im Dschungel von El Petén verborgene alte Mayastätte zu besichtigen. Dazu kam es aus terminlichen Gründen leider nicht. Stattdessen setzten wir uns ins Flugzeug und flogen nach Mérida auf die Halbinsel von Yucatán. Wir ließen uns im Hotel Mérida nieder und machten Pläne für die nächsten Tage. Wir entschieden uns – als Ausgleich für die entgangene Besichtigung von Tikal – Chichén Itzá, eine ebenfalls bekannte Mayaniederlassung auf der Halbinsel Yucatán, zu besichtigen. Noch am selben Abend heuerten wir einen vom Hotel empfohlenen Fahrer an, der uns am nächsten Tag zu den Mayastätten nach Chichén Itzá bringen sollte.

Im Hotel Mérida kam es zu einem peinlichen Vorfall. Wir hatten am Abend unserer Ankunft im Hotel zu Abend gegessen. Ich hatte ein Reisgericht mit Meeresfrüchten bestellt, das mir nicht gut bekommen war. Judy hatte Gott sei Dank etwas anderes bestellt. Ich sagte noch zu Judy: „Die Shrimps schmecken so merkwürdig.“ Aber da war es schon zu spät. Der letzte

Bissen war bereits gegessen. Noch in derselben Nacht wurde ich von einem furchtbaren Rumoren in der Magengegend geplagt. Es dauerte nicht lange, da musste ich mich übergeben. Die halbe Nacht verbrachte ich mit Toilettengängen. Am nächsten Morgen war ich wie gerädert. Wir standen gerade in der Hotelhalle an der Rezeption, um unsere Rechnung zu begleichen. Da überkam mich plötzlich ein Würgen mit einem gleichzeitigen Druck in der Magengegend. Ich brachte nur noch das Wort „Toilette" heraus, als ich mich mitten in der Lobby übergeben musste. Es ging so schnell, dass ich die Toilette gar nicht mehr erreichte. Mit einem Mal kam Bewegung in die Armada der Hotelbediensteten, die bislang mehr oder weniger gelangweilt herumgestanden hatten. So geschwind hatte ich in Mexiko noch niemanden agieren sehen. Wassereimer mit Schrubber, Feudel und Desinfektionsmittel kamen zum Einsatz. Selbstverständlich entschuldigte ich mich vielmals an der Rezeption für das Malheur, obwohl sich das Hotel für das schlechte Essen bei mir hätte entschuldigen müssen.

Vor dem Hotel wartete bereits der Fahrer, der uns nach Chichén Itzá bringen sollte. Ich war total erschöpft und bestieg das Fahrzeug mehr tot als lebendig. Die Sonne war schon sehr aktiv am frühen Morgen. Im Fahrzeug war es drückend heiß. Es besaß keine Klimaanlage. Die Fahrt war langweilig. Die Landschaft war flach wie ein Brett. Wo das Auge auch hinschaute: Agavenfelder, unterbrochen von Strauchwerk und Kakteengruppen. Mein Gesundheitszustand verschlechterte sich zusehends. Ich war heilfroh, als wir unser Ziel, die Mayaruinen, erreichten.

Chichén Itzá

Der Fahrer hielt am Hotel „Maya Land", der einzigen Unterkunftsmöglichkeit weit und breit. Die gesamte Hotelanlage bestand aus weiß getünchten und strohgedeckten Minibungalows. Sie sahen sehr einladend aus und waren der Landschaft angepasst. Sogleich nach der Anmeldung an der Rezeption bezogen wir unseren zugewiesenen Bungalow. Ich warf mich sofort aufs Bett, ließ das darüber gespannte Moskitonetz herunter und versuchte zu schlafen. Anfangs glaubte ich, von „Montezumas Rache“ erwischt worden zu sein. Dem war aber nicht so. Ich bekam im Laufe des Nachmittags hohes Fieber, hatte keinen Appetit, nur noch Durst und war total geschwächt. Alle Symptome deuteten auf eine Fisch- bzw. Salmonellenvergiftung hin. Judy machte sich große Sorgen. Sie ging zur Rezeption und fragte nach einem Arzt. Es gab keinen Arzt, nur jemanden, der in Erster Hilfe ausgebildet war. Man drückte Judy eine Schachtel Bayer-Aspirintabletten in die Hand und sagte ihr, ich möge es mal damit versuchen. Das war wirklich ein großer Trost! Ich schluckte einige dieser Tabletten und schlief kurz darauf ein. Am frühen Abend wachte ich wieder auf. Mit Judys Unterstützung schaffte ich es zur Dusche. Ich erinnere mich, dass es keine Einzelduschkabine gab, dafür aber einen großen, gekachelten Duschraum, wo die Duschköpfe in der Wand eingebaut waren. Das war eine wunderbare Sache. Für mich fiel infolge Appetitlosigkeit das Abendessen aus. Judy hatte in der Hotellobby eine Flasche Cola für mich besorgt. Damit konnte ich vorerst meinen Durst löschen. Nachdem ich einige Aspirintabletten geschluckt hatte, verkroch ich mich wieder unters Moskitonetz und fiel in einen tiefen Schlaf.

Am nächsten Morgen ging es mir ein klein wenig besser. Judy hatte Kekse und einen Ananassaft für mich besorgt. Sie meinte, ich müsse unbedingt etwas zu mir nehmen, damit ich wieder zu Kräften komme; denn von Aspirintabletten könne ich auf Dauer nicht leben. Ich war noch recht schwach auf den Beinen. Aber ich wollte, nein, ich musste unbedingt zu den Mayakultstätten. Deshalb waren wir ja hergekommen! Ich wollte doch alles filmen! Die Bedingungen dazu waren, abgesehen von meinem

Gesundheitszustand, optimal: das Wetter, die Lichtverhältnisse und vor allem die Motive. Der langen Rede kurzer Sinn: Ich schnappte die Filmkamera und schwankte zur Tür.

Neunstufige Maya-Paramide, bekannt als „El Castillo“

Es herrschte wunderbares Frühlingswetter. Judy musste mich zeitweilig beim Filmen und bei der Begehung der historischen Anlagen stützen. Wir sahen die neunstufige Schlosspyramide (Castillo) mit 4 × 90 Treppen (so viel wie der Mayakalender Tage hat). Deren Besteigung hatten wir uns jedoch für später vorgemerkt, wenn ich wieder bei Kräften sein würde. Wir sahen uns nur Stellen an, die ohne großen Kraftaufwand zu begehen waren. Das galt für den Ballspielplatz, den Tempel der Krieger und den tiefen Opferbrunnen (Cenote Sagrado). Das Observatorium hatten wir uns für den darauffolgenden Tag vorgemerkt.

Gegen Mittag, zur heißesten Tageszeit, brachen wir die Besichtigungen für den Rest des Tages ab. Ich war erschöpft und hatte das Bedürfnis zu ruhen. In der Morgenfrische des nächsten Tages machten wir uns auf den Weg zum Castillo und erklommen alle 90 Stufen zur oberen Plattform, auf der sich ein einstöckiges Gebäude, eine Art Tempel, mit vier Zugängen befindet. In der Mitte des Raumes thront der Regengott **Chaac** Wir erfuhren, dass sich unter der Pyramide eine zweite, überbaute Pyramide befindet. Über einen geheimen Zugang, den nur wenige Eingeweihte kennen, kann man von innen über eine Treppe zur oberen Plattform gelangen. Anschließend nahmen wir uns das Observatorium vor. Über eine Wendeltreppe gelangten wir auf die obere Plattform. Es ist bekannt, dass die Mayas ein Volk mit einer hohen Kulturstufe waren. Außer Mathematik betrieben sie auch Astronomie. Der von ihnen benutzte Kalender war genauso präzise wie der unsrige (gregorianische) heutzutage. Es gab, genauer gesagt, drei Kalender, nämlich einen Ritualkalender mit 260 Tagen, der kulturellen Zwecken diente, einen Kalender entsprechend einem Venusjahr mit 584 Tagen und den wichtigsten Kalender, der einem Sonnenjahr mit 365 Tagen entspricht. Der letztgenannte Kalender war unterteilt in 18 Monate zu jeweils 20 Tagen. Hinzu kamen fünf besondere Tage (Feiertage). Die Mayas stellten alle drei Kalender in einem System von ineinandergreifenden, mit Zahlen und Symbolen versehenen Zahnkränzen unterschiedlicher Größe dar. Man rechnete in Zyklen von 52 bzw. 260 Jahren. Nach Ablauf dieser Fristen waren alle Kalender wieder an ihrem Ausgangspunkt angelangt.

Mit Keksen und Ananassaft hatte Judy mich wieder einigermaßen hochgepäppelt, sodass ich mir eine einstündige Autofahrt nach Uxmal – einer weiteren Mayastätte – zutraute. Dort waren besonders erwähnenswert die Pyramide der Zauberer und der gut erhaltene Gouverneurspalast. Die Pyramide der Zauberer ist von einem Tempel gekrönt. Von der Spitze der außergewöhnlich steilen Pyramide hat man eine hervorragende Aussicht. Die Pyramide der Zauberer war mit größter Vorsicht zu besteigen. Die hinaufführende Treppe besaß kein Geländer!

Stattdessen verlief auf der Treppenmitte von oben bis unten eine schwere Kette, an der man sich hochhangeln musste. Außerdem hatten die Stufen eine unregelmäßige Höhe und Tiefe. Wenn man oben von der Plattform hinunterschaute, war die Treppe nicht mehr zu sehen. Eine Dame erlitt dort oben eine Panikattacke und wollte nicht mehr von der Plattform herunter. Mit gutem Zureden und Hilfestellung schaffte sie dann endlich den Weg wieder nach unten.

Am fünften Tag traten wir die Rückfahrt nach Mérida an, wo wir einen Ruhetag einlegten. Wir hatten uns diesmal ein weniger modernes, dafür aber ein kleines, malerisches Hotel mit einem gewissen Flair ausgesucht. Nach einem Spaziergang zum Marktplatz und einer Kutschenfahrt durch die Altstadt strebten wir wieder unserem Hotel zu. Ich spürte, dass ich gesundheitlich noch nicht auf der Höhe war, und ruhte mich im Hotel aus.

Nach dem Ruhetag in Mérida ließen wir uns mit dem Taxi zum Flughafen außerhalb von Mérida fahren und bestiegen am 10. April eine Comet IV der mexikanischen Fluggesellschaft Mexicana, die uns nach Mexico City, der Hauptstadt Mexikos, brachte. Wir bestiegen die Maschine mit einem etwas bangen Gefühl, denn dieser Flugzeugtyp aus britischer Produktion war bekannt wegen seiner häufigen Abstürze. Es war ein nicht vollständig ausgereiftes Modell. Nachteilig erwiesen sich die vier in den Tragflächenwurzeln dicht am Rumpf eingebauten Triebwerke. Abgesehen von der Lärmbelästigung übertrug sich die Vibration der Triebwerke auf den Flugzeugrumpf. Das hatte zur Folge, dass im Passagierraum ein ständiges Zittern zu verspüren und ein Ächzen zu hören war. Wir waren erleichtert, als die Maschine in Mexico City wieder sicher gelandet war.

Mexico City

In Mexikos Hauptstadt – sie hatte damals schon über acht Millionen Einwohner – gedachten wir ein paar Tage zu verweilen. Mexico City hatte sehr viel an Sehenswürdigkeiten zu bieten. Wir bezogen ein Zimmer im Hotel de Cortés, das im Kolonialstil errichtet ist und in der Nähe des Alameda-Central-Parks liegt, dem ältesten Park Mexico Citys. Nicht weit davon entfernt befindet sich der „Palast der schönen Künste“ (Palacio de Bellas Artes), der, bedingt durch einen sumpfigen Untergrund, kontinuierlich im Morast versinkt. Zu Baubeginn führten breite Stufen zum Haupteingang nach oben. Heute weisen Stufen zum Haupteingang nach unten.

Von der Fischvergiftung schien ich mich erholt zu haben. Inzwischen regte sich wieder der Appetit. Für einen Peso, das sind wenige US-Cents, nahmen wir ein Taxi (Coche de Peso) in die Innenstadt. Diese preiswerten Taxis waren zu unserer Zeit ausschließlich an der Paseo de la Reforma anzutreffen, eine der Hauptverkehrsstraßen in Mexico City. Ich hatte nach langer Zeit mal wieder ein Verlangen nach einem schönen, saftigen Filetsteak. Wir suchten ein x-beliebiges Restaurant auf und bestellten ein Rinderfiletsteak. Oh Schreck, das Fleisch war zäh wie Leder. Ich reklamierte das Essen sofort beim Ober und wies auf die zähe Konsistenz des Fleisches hin. Der Ober bedauerte das Geschehen und versprach, Abhilfe zu schaffen. Er werde die Angelegenheit mit dem Küchenchef regeln. Nach wenigen Minuten kehrte er mit strahlender Miene zurück, überreichte mir ein superscharfes Messer und meinte, damit könne man notfalls auch Knochen zerschneiden. Ich versuchte mit der neuen Klinge nochmals mein Glück, um schließlich nach einigen Bissen die Waffen endgültig zu strecken. Das Fleisch schob ich beiseite und konzentrierte mich nur noch auf die Beilagen, die nicht zu beanstanden waren.

In Mexico City hatten wir uns für jeden Tag eine der vielen Sehenswürdigkeiten vorgenommen. Zuerst begaben wir uns in den großzügig angelegten Chapultepec-Park, in dessen Nähe sich auch das Historische Museum befindet. Hier konnte man viel über die präkolumbianische Zeit Mexikos erfahren. Wir lernten zum Beispiel, dass vor den Azteken bereits andere Völker, wie Olmeken, Tolteken und Zapoteken, das Land besiedelt hatten. Ebenso wie die Mayas besaßen die Azteken einen Kalender, der dem der Mayas ähnlich war. Ein übergroßes, in Stein gemeißeltes Abbild des Kalenders, der die Form eines riesigen Mühlsteins von über einem Meter fünfzig im Durchmesser aufweist, befindet sich vor dem Museum. Das Zentrum der Megastadt ist der Zócalo (großer Platz). Um ihn herum gruppieren sich die bedeutendsten Gebäude der Stadt. Als Erstes sollte die Kathedrale Erwähnung finden, die an der Stelle eines Aztekentempels errichtet wurde. Es folgen der Nationalpalast, der Gouverneurspalast, das Alte Rathaus und das Parlament.

Ursprünglich gedachten wir von Mexico City aus entweder per Taxi oder per Autobus über die Silberstadt Taxco nach Acapulco an die Pazifikküste zu reisen. Aufgrund eines ärgerlichen Vorfalls hatten wir unseren Plan geändert. Wir hatten bereits vom Zócalo aus ein Taxi gerufen, das uns zum zentralen Busbahnhof in Mexico City bringen sollte. Dort angekommen, verlangte der Taxifahrer das Mehrfache dessen, was auf dem Taxameter stand. Ich hatte das untrügliche Gefühl, übers Ohr gehauen zu werden, und weigerte mich, den von ihm verlangten Preis zu zahlen. Daraufhin drohte er mit der Polizei. Ich gab ihm zu verstehen, dass **ich** die Polizei rufen werde. Er hielt das wohl für einen Bluff. Als er sah, dass ich Ernst machte und mich zum Inhaber eines in der Nähe befindlichen Kiosks begab, reduzierte er seine lautstarken Beschimpfungen. Der Kioskbesitzer war sehr freundlich und rief die Polizei. Es dauerte nicht lange, da baute sich ein stabil aussehender Polizeibeamter vor uns auf und fragte, was der Grund unseres Anrufes sei. Ich erklärte ihm die Situation, worauf sich der Beamte mit dem Taxifahrer unterhielt. Im Verlaufe des Gespräches vernahm ich das

Wort „Gringos“ (Schimpfwort für Nordamerikaner). Danach wandte sich der Polizeibeamte wieder zu uns. Nun versuchte ich im holprigen Spanisch zu erklären, dass ich kein Gringo, sondern Deutscher sei. In diesem Moment hellte sich das düstere Gesicht unseres Gegenübers auf und der Polizist begann ziemlich heftig auf den Taxifahrer einzureden. Hinterher erklärte uns der Beamte, dass wir nur zehn Prozent zusätzlich des auf dem Taxameter angezeigten Betrages zu zahlen hätten. Damit war ich einverstanden. Ich bedankte mich bei dem korrekten Polizeibeamten und zahlte den wirklichen Preis, ohne dem betrügerischen Fahrer auch nur einen Centavo Trinkgeld zu geben. Fluchend verließ der Taxifahrer Vollgas gebend den Ort des Geschehens.

Nach dem unliebsamen Vorfall entschlossen wir uns, von einer Weiterreise nach Acapulco Abstand zu nehmen. Wer weiß, wie oft man unterwegs noch – im Gegensatz zu Guatemala – versucht hätte, uns über den Tisch zu ziehen. Unsere Urlaubskasse wies ohnehin schon starke Züge von Schwindsucht auf. Es gab ja noch weitere interessante Sehenswürdigkeiten in der Hauptstadt.

An einem strahlenden Morgen machten wir uns zu Fuß auf den Weg zum Torre Latino Americana, einem 43-stöckigen Büro- und Geschäftsgebäude mit Aussichtsplattform, um Mexikos Hauptstadt von oben zu genießen. Auf dem Weg dorthin kamen uns hin und wieder Esels- und Maultiergespanne mit Agrarprodukten entgegen. Sie waren unterwegs zu einem der Märkte. Eine Vielzahl von Hotels nahmen wir auf dieser Route wahr. Sie wurden von radelnden Bäckerburschen mit Brot und Brötchen beliefert. Als wir zufällig an einer Kreuzung standen, wurden wir Zeuge eines Unfalls. Die Verkehrsampel hatte gerade von Grün auf Gelb geschaltet, als ein radelnder Bäckerjunge mit einem großen Wäschekorb voller Brötchen auf dem Gepäckträger mit gehörigem Tempo von der Hauptstraße kommend in eine Nebenstraße, auf der wir uns befanden, einbog und dabei mit dem Vorderrad in eine feuchtwarme Hinterlassenschaft eines Muligespannes geriet und zu Fall kam. Dabei löste sich der Korb vom Gepäckträger des Fahrrades und der Inhalt des Korbes landete auf der Fahrbahn. Dem Brötchenverteiler war Gott sei Dank nichts passiert. In Windeseile sammelte dieser die Brötchen auf, warf sie in den Korb, den er wieder auf dem Gepäckträger lose befestigte und steuerte das nächstgelegene Hotel an, wo er die Brötchen ablieferte. Da konnte man nur „Guten Appetit" wünschen.

An einem weniger sonnigen Tag machten wir einen Abstecher zur Universitätsstadt (Ciudad Universitaria), die im Süden der Hauptstadt liegt. Den Abschluss und gleichzeitig den Höhepunkt unseres Mexiko-Aufenthaltes bildete der Besuch von Teotihuacán mit der Sonnenpyramide, die von der Grundfläche her noch größer ist als die Cheopspyramide in Ägypten. Es war ein erhabenes Gefühl, von der abgeflachten Spitze der Pyramide auf die kleinere Mondpyramide und die archäologischen Ausgrabungen im Pyramiden-Umfeld hinunterzuschauen.

Zwei Tage später brachte uns eine Boeing B720 der Eastern Airlines wieder nach New Orleans. Ein interessanter Urlaub war zu Ende gegangen.

Erlebnisse auf der Iberischen Halbinsel

Am 1. April 1969 trat ich in den Auswärtigen Dienst der Bundesrepublik Deutschland. Während meiner langjährigen Beamtentätigkeit hatte ich Gelegenheit, einige Reisen im und ins Ausland zu unternehmen. So führte eine meiner ersten Reisen zu einem mehrmonatigen Aufenthalt nach Spanien. Es handelte sich um meine Dienstantrittsreise an die deutsche Botschaft in Madrid.

Die Reise nach Madrid verlief in drei Etappen. Am ersten Tag fuhren meine Frau und ich bis Blois, zwischen Orleans und Tours an der Loire gelegen, wo wir außerhalb der Stadt eine wunderschöne, idyllische Bleibe für eine Nacht fanden. Sie nannte sich „Auberge de la Montespan“ und lag direkt am Ufer der Loire. Wir fanden das Bad sehr interessant. Es hatte eine verkürzte Wanne mit einem eingebauten Stufensitz. So etwas hatten wir vorher noch nicht gesehen. Das Frühstück, das aus Kaffee und Croissants bestand, nahmen wir auf einer von Kastanienbäumen umgebenen Terrasse ein. Wenige Meter von uns entfernt hörte man die Loire vorbeiplätschern.

Nach einem weiteren Zwischenaufenthalt in Irun, an der spanisch-französischen Grenze, erreichten wir am dritten Tag Madrid. Dort hatte ich mich bei der deutschen Botschaft morgens um 8:00 Uhr zum Dienstantritt zu melden.

Während meines Aufenthaltes an der Botschaft lernte ich unter anderem den Kollegen Walter Böhm kennen. Er wurde von einem unruhigen Geist beherrscht. Ständig wollte er auf privatem Sektor etwas unternehmen.

Ein Abenteuer mit Walter

Einmal machte Walter (wir duzten uns inzwischen) meiner Frau und mir den Vorschlag, während eines langen Wochenendes mit ihm nach Granada zu fahren. Er wollte, dass wir in seinem Wagen mitfahren. Wir hatten nichts dagegen. Am Samstag, dem 22. November, um 7:00 Uhr in der Früh, starteten wir in Richtung Granada und waren gegen 13:00 Uhr dort.

In Granada, dem damals letzten maurischen Emirat auf spanischem Boden, konnte man noch einen Hauch von Orient spüren. Granada hat viele, ja fast zu viele Sehenswürdigkeiten zu bieten. Wir beschränkten uns darauf, in der Kürze der zur Verfügung stehenden Zeit nur die bedeutendsten Sehenswürdigkeiten in Augenschein zu nehmen bzw. zu besichtigen.

Dazu gehörte natürlich auch die Alhambra. Sie war die Residenz und gleichzeitig Festung der Herrscher des Emirats von Granada. Hinzu kamen die wunderschönen Gärten und Brunnenanlagen von Generalife. Besonders bewundernswert ist die feine, maurische Architektur, die in der Alhambra zum Ausdruck kommt. Ein Blickfang ist zum Beispiel der Löwenbrunnen.

Gegen Abend begaben wir uns in das älteste Stadtviertel Granadas, dem Albaicín. Es liegt am Fuße des Sacromonte, einem der drei Berge, auf denen Granada erbaut wurde. Es war früher von Arabern bewohnt. Daher heißt es auch heute noch das arabische Viertel, obwohl es heutzutage überwiegend von Sinti und Roma bewohnt ist. Das Charakteristische am Albaicín sind die weiß getünchten Häuser und die engen Gassen, die kaum einen Pkw durchlassen. Gegenverkehr ist absolut unmöglich. Fast das gesamte Viertel besteht aus einem Labyrinth von Gassen, in denen nur Einbahnverkehr möglich ist. Wehe dem, der sich dort verirrt!

Auf den Berghöhen befinden sich Höhlenwohnungen der feinsten Art. Alles ist gefliest und gekachelt. Es ist so sauber, dass man fast vom Fußboden essen könnte. An den Wochenenden werden dort oben Zigeunerhochzeiten arrangiert, oder besser gesagt, inszeniert. Eine solche gedachten wir uns auch einmal anzusehen. Damals wussten wir allerdings nicht, dass es sich bei den Hochzeiten um Scheinhochzeiten handelte. Es ging ausschließlich darum, Touristen anzulocken und sie auszunehmen.

Also begaben wir uns in eine dieser Höhlen und sahen uns solch eine Vorführung an. Anfangs ging alles sehr feierlich zu. Nach der Trauungszeremonie trat eine Flamenco-Gruppe auf und legte feurige Stepptänze aufs Parkett, begleitet von heiserem Gesang. Wir hatten eine Flasche Wein bestellt. Dazu gab es Knabbereien. Am Nebentisch saß ein junges Pärchen, offensichtlich Einheimische. Sie unterhielten sich auf Spanisch. Am Ende der Schau ging es ans Bezahlen. Zuerst zahlte das Pärchen am Nebentisch. Es hatte das Gleiche verzehrt wie wir. Walter hatte mitbekommen, was das Pärchen gezahlt hatte. Dann waren wir an der Reihe. Der Kellner präsentierte uns eine wesentlich höhere Rechnung als dem einheimischen Paar. Das verstieß gegen Walters Gerechtigkeitssinn. Er war nicht bereit, den überhöhten Preis zu zahlen. Daraufhin sagte der Kellner, er müsse mit seinem Chef sprechen, und entfernte sich. Wir warteten eine Weile, und als sich der Kellner nicht mehr blicken ließ, legten wir den gleichen Geldbetrag auf den Tisch wie es unsere Tischnachbarn getan hatten. Wir standen auf und gingen zum Ausgang. Dort erwartete uns eine Meute Halbstarker. Man machte uns gegenüber unmissverständliche Drohgebärden und verlangte mehr Geld. Da sah Walter rot. Er packte sich den am nächsten Stehenden und schob ihn unsanft beiseite. Es folgte der Nächste und Übernächste, bis eine Gasse gebahnt war. Sodann stürmten wir zu dritt, gefolgt von der Meute Halbstarker, auf Walters geparktes Auto zu, sprangen hinein und fuhren davon. Die wütende Horde verfolgte uns noch immer und warf mit Steinen hinter uns her.

Der Weg führte durch das labyrinthartige, ehemalige Araberviertel (Albaicín) und wir hatten unsere Not, durch das Gewirr der engen Gassen wieder auf die Hauptstraße zu gelangen. Danach gab Walter Vollgas und wir fuhren auf schnellstem Wege zu unserem Quartier.

Bevor wir am nächsten Tag wieder heimwärts fuhren, besichtigten wir noch die Kathedrale der Inkarnation und das Kartäuserkloster in Granada. Das war unser Erlebnis mit dem Kollegen Böhm. Bald sah er ein, dass Schreibtischarbeit nicht sein Metier ist, und quittierte den Dienst beim Auswärtigen Amt. Er sagte, dass er studieren und Sportlehrer werden wolle.

Kreuz und quer durch Spanien

Während meiner Tätigkeit bei der Botschaft hatte sich meine Frau mit der Frau des Zahlstellenleiters, Frau Kelbrat, angefreundet. Sie war ebenso wie Judy eine nicht berufstätige Ehefrau. So war es ganz natürlich, dass sie hin und wieder etwas gemeinsam unternahmen, wie zum Beispiel einen Stadtbummel oder einen Besuch des einen oder anderen Museums. Als die Regenzeit zu Ende war, sprach mich Herr Kelbrat an, ob Judy und ich Interesse daran hätten, mit ihnen gelegentlich eine gemeinsame Ausfahrt zu machen. Herr Kelbrat war stark sehbehindert und besaß kein Auto. Als Entschädigung für Benzinkosten und Fahrzeugabnutzung bot er mir seine Benzingutscheine an. Wir stimmten seinem Vorschlag zu, was wir nicht bereuen sollten. Mit dem Ehepaar Kelbrat haben wir schöne Reisen innerhalb Spaniens gemacht. Dabei kamen uns die Landes- und Sprachkenntnisse von Herrn Kelbrat zugute. Außerdem war er ein Kenner guter Restaurants und Hotels.

Die schönste Reise führte uns in den Süden Spaniens nach Córdoba und Sevilla. Auf dem Wege von Córdoba nach Sevilla kamen wir zu einer Burg mit Namen Castillo Almodóvar del Río, die wir auch besichtigten. Sie war so schön und interessant, dass ich sie am liebsten erworben hätte. Ein anderes Mal ging es nach Valencia und Sagunto. Sagunto war ursprünglich eine Römersiedlung mit einem Amphitheater. In Valencia habe ich die beste Paella in meinem Leben gegessen.

Zwischen Valencia und Sagunto befinden sich ausgedehnte Orangenhaine, wie ich sie vorher nur in Florida gesehen habe. Schon vor der näheren Bekanntschaft mit dem Ehepaar Kelbrat hatten Judy und ich uns die Umgebung von Madrid angesehen. In Segovia konnten wir einen noch gut erhaltenen Aquädukt und den Alcázar (maurische Festung) bestaunen. Ávila war die Stadt mit einer beeindruckenden Stadtmauer. In San Lorenzo de El Escorial, circa 50 Kilometer nordöstlich von Madrid gelegen, hatten wir Gelegenheit, die Herbstresidenz der spanischen Könige zu besichtigen. Der gesamte Komplex, mit einem quadratischen Grundriss, wurde Ende des 16. Jahrhunderts von König Philipp II. errichtet. Er besteht aus Palast, Kloster, Basilika und Bibliothek. Karl V., Kaiser des Heiligen Römischen Reiches Deutscher Nation, fand dort seine letzte Ruhestätte. Die Gärten, Brunnen und künstlichen Wasserfälle (Kaskaden) ringsherum luden zum Verweilen ein. Einen überwältigenden Eindruck hinterließ bei uns auch die monumentale Gefallenengedenkstätte im Valle des los Caídos (Tal der Gefallenen). Sie befindet sich gut 60 Kilometer außerhalb Madrids. Diese Stätte besteht aus einer tief in einen Felsen eingelassenen Basilika. Der Fels wird von einem 150 Meter hohen Kreuz aus Granit gekrönt. In Toledo, wo der Alkazar hoch über dem Fluss Tajo thront, aßen wir im Restaurant Trocadero eine original Tortilla española.

Erinnerungen an Portugal

Die Madrider Zeit näherte sich ihrem Ende. Vor unserer endgültigen Abreise machten Judy und ich über die Osterfeiertage noch eine große Spanien- und Portugalrundreise. Es war schon ein gewaltiger Unterschied, als wir von der ausgedörrten Landschaft der spanischen Extremadura in die grüne und blühende Landschaft Portugals eintauchten. Zum ersten Mal in unserem

Leben sahen wir Korkeichenwälder. In Lissabon, wo wir auch übernachteten, besuchten wir abends ein Restaurant, in dem etwas schwermütige Fado-Gesänge dargebracht wurden. Wir mussten eine Weile warten, bis der Ober kam. Dann gaben wir unsere Bestellung in Spanisch auf. Am Nebentisch saß vermutlich ein spanisches Ehepaar. Jedenfalls wurde spanisch gesprochen. Der Ober ließ sich in unserer Nähe nicht mehr blicken. Er bediente jedoch an den anderen Tischen. Ob er uns vergessen hatte? Als mir die Sache zu bunt wurde und der besagte Ober sich in unserer Nähe befand, schlug ich mit der Faust auf den Tisch und rief auf Deutsch: „Zum Donnerwetter! Wie lange müssen wir denn noch auf unser Essen warten!“ Da drehte sich der Ober erschrocken um, murmelte einige Worte der Entschuldigung und verschwand in der Küche. Kurze Zeit später kam er dienstbeflissen mit unserem Essen herbeigeeilt. Daraufhin stand das spanische Ehepaar, das vermutlich schon eine Weile vor uns da war und nicht bedient wurde, schweigend auf und verließ das Lokal. Später erfuhren wir, dass es mit der Verständigung zwischen Spaniern und Portugiesen nicht zum Besten steht.

Am nächsten Tag ging die Fahrt weiter über Estoril mit einem Abstecher zum Boca do Inferno, einem riesigen Felsentor im Meer, durch das sich die Brandung mit einem Höllengetöse seine Bahn bricht. Wir setzten die Reise fort über Sintra, Santarém, Fátima bis Coimbra. Dort drehten wir nach Osten ab, durchquerten die bergige und kurvenreiche Serra de Estrela, bis wir Guarda, den letzten größeren Ort vor der spanischen Grenze, erreichten.

Hier hatten wir ein unvergessenes Erlebnis. Da es schon spät war und wir ziemlich erschöpft waren, übernachteten wir im erstbesten Hotel, das wir erwischen konnten. Es verdiente nicht einmal das Attribut eines Einsternhotels. Es war wegen der Osterreisezeit quasi überbelegt. Man bot uns eine etwas bessere Abstellkammer zum Übernachten an. Bettwäsche gab es nicht. Man stellte uns nur ein paar Decken zur Verfügung. Das böse Erwachen kam am nächsten Morgen. Beim Aufstehen verspürten wir ein Jucken am ganzen Körper. Besonders die Gliedmaßen waren übersät mit Flohbissen. Nachdem wir für die Übernachtung keinen allzu hohen Preis gezahlt hatten, sahen wir zu, so schnell wie möglich nach Madrid zu gelangen.

Das war leichter gesagt als getan. Beim Starten des Motors merkte ich, dass etwas nicht in Ordnung war. Der Motor lief unregelmäßig. Es hörte sich so an, als würden nur drei Zylinder arbeiten. Wahrscheinlich war wieder einmal, bedingt durch Überhitzung, ein Kipphebel an einem Ventil gebrochen. So war es dann auch, wie mir später bestätigt wurde. Von Guarda aus tuckerten wir auf drei Zylindern über Salamanca nach Madrid. Dort fuhr ich direkt unsere VW-Vertragswerkstatt an und ließ das Fahrzeug in der Werkstatt stehen. Als der Werkstattmeister das Auto erneut starten wollte, tat es keinen Muckser mehr. Rechtzeitig vor unserer Abreise nach Bonn war das Fahrzeug wieder startbereit. Eine schöne und interessante Zeit ging zu Ende. „Die schönen Tage von Aranjuez waren nun zu Ende“, wie es so schön in Schillers „Don Karlos“ heißt.

Reise mit dem Kegelklub „Ruhige Kugel"

Im Mai des Jahres 2003 unternahmen wir mit unserem Kegelklub „Ruhige Kugel" eine Flugreise auf die Insel Ibiza. Die kleinste der Baleareninseln erkundeten wir größtenteils zu Fuß. An einem schönen Vormittag bestiegen wir eine Fähre und ließen uns zur allerkleinsten der Inselgruppe, nach Formentera, übersetzen. Dort mieteten wir uns Fahrräder und unternahmen damit eine Inselrundfahrt. Das machte enormen Spaß und für die Gesundheit taten wir dabei auch etwas.

Zu unserer Reisegruppe gehörte auch der Werner. Er ist kein Mitglied der Kegelgruppe, sondern der Ehemann einer Kegelschwester. Werner ist so etwas wie ein zerstreuter Professor. Trotz seiner Hypersensibilität und Zerstreutheit ist er hochintelligent. Er spricht mehrere Fremdsprachen und einheimische (deutsche) Dialekte. Auf festlichen Veranstaltungen tritt er meistens als Moderator auf. Wir befanden uns nach einem knapp einwöchigen Aufenthalt auf der Rückreise von Ibiza, als unserem Werner einfiel, dass er sein Handy im Safe seines Hotelzimmers vergessen habe. Außerdem sei ihm die Zahlenkombination zum Safe entfallen. Nach einem Anruf von unterwegs beim Hotel wurde ihm von diesem zugesichert, dass man ihm das Handy, falls es sich am angegebenen Ort befinden sollte, per Post zuschicken werde. Es war keine Woche vergangen, da erhielt Werner das Handy durch die Post zugestellt.

Mit unserem Werner erlebten wir noch einige solcher Auftritte. Bei einem Ausflug mit unserer Kegelgruppe nach Zadar in Kroatien wurden wir Zeuge eines Schauspiels besonderer Art. Unser Hotel lag in Strandnähe. Als wir mit der Gruppe am späten Nachmittag vom Strand ins Hotel zurückkehrten, suchten wir unsere Hotelzimmer auf. Bis auf wenige Ausnahmen war unser Kegelklub in der zweiten Etage des Hotels untergebracht. So eilten wir ziemlich zügig zu unseren Quartieren. Auch Werner befand sich in unserem Pulk. Seine Frau, die Marianne, war schon vorausgegangen. Plötzlich schien es Werner eilig zu haben. Er hastete über den Flur auf das Hotelzimmer zu, klopfte an die Tür und rief: „Marianne, mach bitte auf. Ich habe keinen Schlüssel. Ich habe ihn dir vorhin mitgegeben.“ Marianne antwortete nicht. Auch wurde die Tür nicht geöffnet. Daraufhin hämmerte Werner wie wild gegen die Zimmertür und rief ganz laut: „Marianne, mach sofort die Tür auf! Ich weiß, dass du da bist. Es ist eilig!“ Als niemand antwortete, geriet Werner fast in Panik und klopfte noch lauter gegen die Tür. Inzwischen waren viele Hotelgäste durch den Lärm auf dem Gang aufmerksam geworden und schauten aus ihren Zimmern auf den Flur. Wie aus dem Nichts tauchte plötzlich am anderen Ende des Ganges laut schreiend eine Frau auf und rief: „Hallo, Sie da! Was machen Sie an meiner Zimmertür? Was haben Sie hier zu suchen?“ Werner schien nun völlig die Kontrolle verloren zu haben. Da ich direkt neben ihm stand, fragte ich ihn in aller Ruhe: „Werner, sag mir mal deine Zimmernummer.“ „Dreihundertacht“, lautete seine Antwort. Worauf ich entgegnete: „Werner, 308 ist doch auf der dritten Etage. Wir befinden uns hier auf der zweiten Etage. Du musst dich ein Stockwerk höher begeben.“ Noch bevor die erregte Frau ihn zur Rede stellen konnte, war der gute Werner im Treppenhaus verschwunden.

Ein anderes Mal befanden wir uns mit dem Kegelklub am späten Abend auf einem Flughafen. In der Abfertigungshalle war „tote Hose“. Nur ein Kiosk war noch geöffnet. Da wir durstig waren, holte sich der ein oder andere ein erfrischendes Getränk. Ich hatte mir eine Apfelschorle gekauft. Werner begab sich auch zum Kiosk, um sich ebenfalls ein Getränk zu holen. Nach einer kleinen Weile kam er unverrichteter Dinge zurück. Ich fragte ihn, ob er nichts zu trinken bekommen habe. Worauf Werner antwortete: „Der Mann im Kiosk versteht weder Italienisch noch Französisch. Aber Dieter, du sprichst doch ein paar Brocken Serbokroatisch. Könntest du mir vielleicht eine

Flasche Mineralwasser ohne Kohlensäure besorgen?“ Ich sagte: „Werner, komm mal mit! Ich zeige dir, wie man das macht.“ Werner folgte mir. Ich ging mit ihm in den Kiosk und begrüßte den Mann im Laden mit einem „Hallo“. Auf unseren lieben Werner deutend, sagte ich zu dem guten Mann hinter der Ladentheke auf Deutsch: „Dieser Herr hätte gerne eine Flasche Mineralwasser ohne Kohlensäure.“ „Aber gerne“, antwortete der Kioskbetreiber ebenfalls auf Deutsch. Dem verdutzten Werner klappte die Kinnlade herunter. Seine erstaunte Reaktion war: „Der spricht ja Deutsch.“ Die umstehenden Kegelbrüder brachen in schallendes Gelächter aus.

Eine Reise ins ehemalige Feindesland

Basilius-Kathedrale am Roten Platz in Moskau

Im August 2006 schloss ich mich einer Reisegruppe der Karl-Theodor-Molinari-Stiftung von der Bundeswehr zu einer Informationsreise nach Moskau und Sankt Petersburg an. Die Reisegruppe setzte sich überwiegend aus ehemaligen Angehörigen der Bundeswehr bzw. Mitgliedern des Deutschen Bundeswehrverbandes zusammen. Einen Tag vor dem Abflug stellte sich am Sitz der Stiftung in Berlin die deutsche Reiseleitung vor und machte die Reiseteilnehmer mit Besonderheiten im Gastland vertraut.

Am Vormittag des 13. August 2006 um 10:05 Uhr bestieg unsere Gruppe in Berlin-Tegel eine Boeing vom Typ B737-300 von Germania Express mit dem Ziel Moskau. Nach zwei Stunden und 35 Minuten landete die Maschine um 14:40 Uhr (Ortszeit) in Moskau. Dort stand schon ein Bus mit einer deutschsprachigen Reiseführerin bereit, der uns zum altehrwürdigen Hotel UKRAINA brachte. Es war damals das größte seiner Art in Moskau und wurde anfangs der 50er-Jahre im typisch stalinistischen Zuckerbäckerstil erbaut. Das Hotel machte einen ordentlichen Eindruck. Das Interieur war allerdings etwas älteren Datums. Trotzdem verfügten die Zimmer erstaunlicherweise über Schranksafes.

Gegenüber dem Hotel, auf der gegenüberliegenden Seite der Moskwa, erstrahlte in blendendem Weiß das Gebäude des russischen Parlaments, die Duma. Es war schon ein merkwürdiges Gefühl, sich in einem Land frei bewegen zu können, das bis vor wenigen Jahren über Jahrzehnte aus westlicher Sicht das Feindbild Nummer EINS darstellte.

Ein Erlebnis besonderer Art war die Fahrt mit der Moskauer U-Bahn: Allein bei der Benutzung der 150 Meter steil und tief unter die Erde führenden Rolltreppe konnte einem schwindelig werden. Unten angekommen, glaubte man sich in eine andere Welt versetzt. Die Bahnhöfe glichen kleinen Palais, Prunkbahnsteige mit Marmorsäulen und Gemälden an den Wänden. Überwältigend war auch die Sauberkeit auf den Bahnhöfen. Im Vergleich dazu schneiden die Bahnhöfe in Köln, München, Berlin und Bonn mit Papierabfällen und Kaugummiresten auf den Bahnsteigen schlecht ab.

Die Freundlichkeit und Hilfsbereitschaft der Moskauer war geradezu überwältigend. Ein Mitreisender aus unserer Gruppe, wir nannten ihn Poschti, und ich nahmen uns an einem freien Nachmittag vor, ein Kriegsmuseum in der Nähe des Siegesparks am Rande Moskaus zu besuchen. Mühsam hatten wir uns die kyrillische Schreibweise der einzelnen Stationen eingeprägt, um zu wissen, wann wir aussteigen mussten. Beim Betreten der überfüllten U-Bahn sprangen sofort zwei Mädchen von ihren Sitzen auf und boten uns ihren Platz an. So viel Höflichkeit waren wir in Deutschland schon lange nicht mehr gewohnt.

Nachdem wir eine gute halbe Stunde durch den Untergrund gebraust waren, glaubten wir am Ziel zu sein und stiegen aus. Als wir das Tageslicht erblickten, stellten wir zu unserer Überraschung fest, dass wir wieder am Ausgangspunkt unserer Reise angekommen waren. Es machte sich etwas Frust bei uns breit. Am Fahrkartenschalter fragten wir auf Englisch, welchen Bahnsteig wir zu benutzen hätten, um zum Siegespark zu gelangen. Die Dame am Schalter verstand leider kein Englisch. Wir wollten gerade unser Glück auf Deutsch versuchen, als uns ein Fahrgast auf Englisch zu verstehen gab, dass er uns zu dem betreffenden Bahnsteig führen wolle. Dies tat er, obwohl er offensichtlich in Eile schien. Diese Hilfsbereitschaft und Freundlichkeit der Moskowiter waren einfach umwerfend. Unser bisheriges Russlandbild musste offensichtlich revidiert werden. Was hatten uns die Medien in Deutschland jahrelang für ein negatives Bild von den Russen eingehämmert! Mir wurde klar, dass Menschen immer wieder leicht zu Opfern von Propaganda werden können.

Während des Museumsbesuches hatten Poschti und ich uns aus den Augen verloren. Wir traten die Rückfahrt zum Hotel getrennt an. Dank der guten Wegbeschreibung des hilfsbereiten Menschen am U-Bahn-Schalter zu Beginn der Fahrt kamen wir ohne weitere Probleme am Ausgangspunkt der Fahrt an. An die kyrillische Schreibweise begannen wir uns zu gewöhnen.

In den folgenden Tagen bekam unsere Reisegruppe unter anderem den Kreml, das Universalkaufhaus GUM (eines der größten Kaufhäuser Russlands), die Lomonossow-Universität Moskau (auch Staatliche Universität Moskau genannt) und die Basilius-Kathedrale am Roten Platz zu sehen. Das Lenin-Mausoleum war wegen Bauarbeiten nicht zu besichtigen. Im Kreml zeigte man uns die Residenz von Wladimir Putin, dem derzeitigen Präsidenten der Russischen Föderation. Auf dem Gelände des Kremls ist auch die größte Glocke der Welt, die Zarenglocke „Zar Kolokol", mit einem Gewicht von 210 Tonnen und einer

Höhe von sechs Metern zu bestaunen. Sie kam aber nie zum Einsatz.

An ein Mittagessen im Restaurant „Boris Godunow“ kann ich mich noch gut erinnern. Es war im altrussischen Stil erbaut. Der Eingang bestand aus einem wuchtigen, geschnitzten, farbigen, achtstufigen Holzportal mit ebenfalls schönen, geschnitzten Holztüren. Zum Essen wurde uns ein schmackhaftes, fünfgängiges Menü serviert.

Besonders beeindruckend war auch die Besichtigung des Neujungfrauenklosters am Stadtrand von Moskau. Dieses Kloster war eines der vielen Wehrklöster, die in den zurückliegenden Jahrhunderten rings um Moskau errichtet worden sind. An die Südmauer des Neujungfrauenklosters grenzt der Neujungfrauenfriedhof, der auch als Prominentenfriedhof bekannt ist. Es war schon ein Muss, diesen Teil des Friedhofs gesehen zu haben. Dabei beschlich einen ein komisches Gefühl, an den Gräbern ehemaliger Sowjetgrößen und berühmter Künstler gestanden zu haben, wie zum Beispiel an den Gräbern von Raissa Gorbatschowa, Andrei Gromyko, Nikita Chruschtschow, General Lebed oder Dichter Gogol. Natürlich nahm unsere Reisegruppe abends auch das Moskauer Künstlerviertel Arbat in Augenschein.

Interessant waren auch ein Besuch im Haus der Deutschen Wirtschaft mit einem Vortrag von Dr. Spaak über die deutschrussischen Wirtschaftsbeziehungen und ein Besuch in der deutschen Botschaft, wo ein Kapitän zur See (Militärattaché) über die aktuelle Lage der russischen Innen-, Außen- und Sicherheitspolitik referierte. Beim Militärischen Verbindungsstab / Informationsbüro der NATO in Moskau (später NATO-Russland-Rat) verschaffte uns Generalmajor H. (Luftwaffe) einen Überblick über die aktuelle Zusammenarbeit Russlands mit der NATO. Am Ende seines Vortrags beklagte er sich und hielt es für befremdlich, dass sich keine Vertreter von russischer Seite mehr sehen lassen würden. Er wisse nicht, ob es sich dabei um eine Provokation oder einen Protest handle, wofür er aber keine Erklärung habe. Etliche Monate später deckten westliche Medien auf, dass es zwischen der NATO und Polen Geheimverhandlungen über die Stationierung von Raketenbatterien und Radaranlagen in Polen mit Zielrichtung Russland gegeben habe. Darüber musste zum damaligen Zeitpunkt der russische Nachrichtendienst bereits Kenntnis gehabt haben. Nun ließ sich auch das Verhalten der russischen Gesprächspartner im NATO-Russland-Rat erklären. Den deutschen Luftwaffengeneral beim NATO-Russland-Rat hatte man offensichtlich bewusst nicht über diese Dinge, die sich zwischen Polen und der NATO (USA) hinter verschlossenen Türen abspielten, in Kenntnis gesetzt. In einem Interview sagte einmal der ehemalige Generalsekretär der KPdSU, Gorbatschow, dass er, wenn er damals zum Zeitpunkt der Zwei-plus-Vier-Verhandlungen die jetzige Entwicklung vorhergesehen hätte, einer deutschen Wiedervereinigung niemals zugestimmt hätte.

Inzwischen sollen mit Unterstützung der NATO bis zum Jahre 2022 acht weitere Raketenbatterien, die vermutlich mit nuklearen Sprengköpfen versehen werden können, an Polens Grenzen stationiert werden. Dies würde wiederum einen krassen Verstoß gegen den Inhalt der im Jahre 1997 zwischen der NATO und Russland erstellten NATO-Russland-Grundakte darstellen. Eine Provokation nach der anderen! Ich kann nur sagen: „Ein Spiel mit dem Feuer!“ Ich vermute, Russlands Reaktion wird nicht lange auf sich warten lassen.

Sankt Petersburg

Winterpalast mit Eremitage in Sankt Petersburg

Am 16.08.2006, gegen 21:00 Uhr, setzte unsere Gruppe die Reise von Moskau per Flugzeug nach Sankt Petersburg fort. Nach einem knapp eineinhalbstündigen Flug setzte die Maschine um 22:20 Uhr sicher auf der Landebahn von Sankt Petersburg auf. Ein Bus brachte uns zum eleganten Hotel MOSKWA.

Die folgenden Tage waren ausgefüllt mit Besichtigungen wie zum Beispiel der mächtigen 101,5 Meter hohen Isaak-Kathedrale, des Katharinenpalastes mit dem Bernsteinzimmer im Zarendorf sowie dem in der Nähe von Puschkin gelegenen Schloss Peterhof (Sommerresidenz der Zaren). Mit einem Tragflächenboot ging es über Kanäle und Nebenflüsse der Newa vorbei an dem historischen Panzerkreuzer Aurora zur Haseninsel. Peter der Große ließ im 18. Jahrhundert die Insel zur Festung ausbauen. Die Peter-und-Paul-Kathedrale mit ihrem 122,5 Meter hohen Turm ist das Schmuckstück der Insel. Die Haseninsel war die Keimzelle der späteren Stadt Sankt Petersburg.

Ein Höhepunkt unserer Reise war eine Einladung von russischen Veteranen ins „Haus der Veteranen“. Vor dem Eingang des Hauses stand bereits eine Gruppe Veteranen in ziviler Kleidung. Sie waren gekommen, um uns zu empfangen und uns ins Haus zu geleiten. Einige von ihnen trugen einen halben Klempnerladen mit Orden auf ihren Anzugsjacken. Das war schon sehr beeindruckend. Die alten Herren waren höflich und zollten uns ihren Respekt, den wir selbstverständlich erwiderten. Wir hatten von vornherein das Gefühl, willkommen zu sein.

Vor dem angekündigten Abendessen wurden Reden geschwungen, die zum Inhalt hatten, dass Feindschaft durch Freundschaft und Frieden ersetzt werden sollte. Nach jeder Rede wurden die mit Wodka gefüllten Gläser mit einem passenden Trinkspruch angehoben und in einem Zug geleert. Im Laufe des Abends entwickelte sich eine entspannte, fast kameradschaftliche Atmosphäre. Mir gegenüber saß ein Kapitän der ehemaligen sowjetischen Baltikflotte. Neben ihm saß ein ehemaliger NVA-Offizier mit russischen Sprachkenntnissen. Wenn es bei der Konversation mit Deutsch oder Englisch nicht klappen wollte, half dieser mit Russisch aus. Der Wodka floss zwar nicht in Strömen, aber es wurde an diesem Abend doch so manches Gläschen geleert. Der Abend war schon fortgeschritten. Es war Zeit zum Aufbruch. Wir bedankten uns bei unseren Gastgebern und verabschiedeten uns mit Händedruck und Umarmung. Was mich besonders berührt hat, war, dass keinerlei Ressentiments zu spüren waren. Kein Hass, keine Feindschaft!

Ein weiterer Höhepunkt unserer Reise war ein Abendessen bei einer russischen Gastfamilie. Die Gastgeschenke bestanden hauptsächlich aus kleinen elektronischen Spielereien, zum Beispiel Taschenrechner etc. Ich hatte zusätzlich für die Kinder der Familie Figürchen mit dem Baron von Münchhausen überbracht. Damit hatte ich voll ins Schwarze getroffen. Münchhausen war derzeit der Knüller im russischen Fernsehen. Sascha, der jüngste Sohn der Familie, freute sich besonders über die Münchhausen-Figur mit dem Ritt auf der Kanonenkugel.

Wie war ich auf Münchhausen gekommen? Acht Wochen zuvor hatte unser Kegelklub „Ruhige Kugel“ einen Ausflug nach Hameln gemacht. Außer mit dem Rattenfänger von Hameln konnte man dort auch mit dem in der Nähe von Hameln geborenen Baron von Münchhausen und dessen Abenteuergeschichten aufwarten. In einem Hamelner Souvenirladen entdeckte ich die Figürchen von Münchhausen. Da kam mir der Gedanke, einige davon als Geschenk mit auf die bevorstehende Russlandreise zu nehmen.

In der russischen Familie wurden wir freundlich, ich möchte fast sagen, mit einer gewissen Herzlichkeit empfangen. So etwas hatten wir nicht erwartet, zumal die russische Bevölkerung doch am meisten unter dem von Deutschland begonnenen Zweiten Weltkrieges gelitten hat. Die Unterhaltung erfolgte auf Englisch. Die größeren Kinder der Familie waren der englischen Sprache mächtig. Sie betätigten sich auch als Übersetzer bei ihren Eltern. Das Essen schmeckte gut. Es gab eine Suppe, die sich Borschtsch nannte. Dazu gab es Fleischtaschen, deren Name mir entfallen ist. Nach zwei Stunden verabschiedeten wir uns von der netten Familie, deren kleine Kinder ins Bett mussten.

Am nächsten Morgen hatte ich das Bedürfnis, mir etwas die Beine zu vertreten. Wie ich so den Alexander-Newski-Prospekt entlangschlenderte, kam mir ein Kinderwagen schiebendes Großmütterchen mit Enkelkind entgegen. Zufällig hatte ich noch eine Münchhausen-Figur in der Tasche. Ich übergab diese der alten Dame für ihren Enkelsohn. Sie freute sich riesig über das Geschenk und konnte nicht oft genug „Spassiba“ (Danke) sagen.

Anschließend begab ich mich zum Soldatenfriedhof. Der Zugang dorthin war gesäumt von kriegsversehrten Veteranen aus dem Afghanistankrieg, die sich mit dem Verkauf von Souvenirs und Postkarten ein kleines Zubrot verdienen wollten. Es war ein erschütternder Anblick. Sie waren teilweise blind, es fehlten Gliedmaßen oder sie hatten entstellte Gesichter. Es zeigte sich die grauenhafte Maske eines Krieges.

Der Rückflug von Sankt Petersburg nach Berlin erfolgte am 20. August um 20:55 Uhr mit Pulkovo Aviation in einer Tupolew TU154. Eineinhalb Stunden später setzte die Maschine in Berlin-Tegel auf. Eine interessante und auch informative Reise war zu Ende.

Eine Reise mit Alfons

Eine letzte Reise im Jahre 2006 führte mich am 30.09.2006 nach Griechenland. Dort nahm ich mit meinem ehemaligen Bundeswehrkameraden Alfons an einer interessanten Reise mit dem Titel „Auf den Spuren des Apostels Paulus" teil. Um 11:15 Uhr bestiegen wir in Frankfurt am Main eine Boeing B737-300 der Olympic Airlines, die uns in einem zweieinhalbstündigen Flug nach Thessaloniki brachte. In Philippi, dem Ort, wo der Apostel Paulus während seiner Missionsreise in Griechenland tätig wurde, erlebten wir eine orthodoxe Taufe eines 15-jährigen Mädchens außerhalb der Taufkapelle in einem Taufbach unter freiem Himmel. Steinerne Stufen führten in die Taufanlage, wo das mit einem weißen Hemd bekleidete Mädchen bis zu den Schultern ins Wasser getaucht und der Kopf anschließend aus einer großen Kanne mit Wasser übergossen wurde.

Die Reise führte nicht nur auf die Spuren des Apostels Paulus, sondern auch auf Spuren der Antike. Es wurden viele antike Stätten besichtigt. Von Athen mit der Akropolis über Olympia, dem Austragungsort der Olympischen Spiele, bis zu Mykene, dem antiken Herrschaftssitz des Königs Agamemnon. Weitere Schwerpunkte der Reise waren: Epidauros, Meteora, Delphi, Korinth, Pella, Vergina, Kap Sounion und Nauplia am Golf von Argolis. Leider war ein Abstecher nach Marathon nicht möglich.

Als Inhaber des Deutschen Sportabzeichens in Gold war für Alfons und mich in Olympia und Delphi die Stunde eines sportlichen Auftritts gekommen. In Olympia legte Alfons auf der Wettkampfstätte für die Laufdisziplinen einen 180-Meter-Sprint hin. In Delphi, wo es nicht nur das berühmte Orakel gab, sondern auch ein Stadion für sportliche Wettkämpfe mit einem Wettkampfmuseum, schlug meine Stunde. In einem etwas abgelegenen Winkel des Museums ging es um Weitsprung und den damit verbundenen Absprungtechniken. Die Griechen des

Altertums praktizierten nur den Standweitsprung, wobei man in beiden Händen Gewichte hielt, mit denen man sich durch Schwingen der Arme beim Absprung den nötigen Schwung verschaffte. Die meisten der Museumsbesucher konnten sich diese Absprungtechnik nicht so recht vorstellen. Also bin ich vor sie getreten, habe die beiden Gewichte in die Hände genommen, Schwung geholt und bin aus dem Stand heraus fast zwei Meter gehüpft. Natürlich habe ich die Gewichte bei der Vorführung nicht fallen lassen, wie es eigentlich vorgeschrieben war, sondern bei mir behalten. Dadurch gab es bei meiner Landung eine starke Erschütterung, sodass der hölzerne Fußboden stark bebte und die Vitrinenaufsätze schepperten. Die umstehenden Zuschauer klatschten Beifall und die Museumswärter kamen herbeigelaufen, um zu sehen, ob etwas passiert sei. Es war aber nichts weiter geschehen. Die Vitrinenaufsätze schepperten nicht mehr und der Fußboden bebte nicht mehr.

Mein Bundeswehrkamerad Alfons war während der ganzen Reise recht ausgelassen und euphorisch. Er verhielt sich wie ein Pfadfinder, der zum ersten Mal auf eine längere Fahrt geht. Er war andauernd zum Scherzen aufgelegt. So hatte ich meinen bayerischen Kameraden noch nie erlebt. Dabei zählte er schon über 70 Lenze, trank merkwürdigerweise aber keinen Alkohol. Bei jeder sich bietenden Gelegenheit brachte er die gesamte Reisegruppe zum Lachen. Eines Abends, es war schon Schlafenszeit, klopfte er auf dem Hotelgang ziemlich laut an verschiedene Zimmertüren und verschwand sogleich wieder in seinem Zimmer, bevor die Hotelgäste in der Lage waren, ihre Türen zu öffnen. Am darauffolgenden Morgen unterhielten sich die Hotelgäste über ein Klopfen an ihren Zimmertüren und wollten wissen, was die Ursache war. Eine Dame am Frühstückstisch fragte den Kameraden Alfons, ob er auch von dem Klopfphänomen heimgesucht worden sei. „Ja“, sagte Alfons mit unschuldig klingender Stimme, „diese Gegend ist bekannt für derartige Phänomene.“

Bei einer anderen Gelegenheit geriet er an Händlerinnen, die ihm Tischdecken und gehäkelte Deckchen verkaufen wollten. Als er sich an den schönen Arbeiten interessiert zeigte, war er plötzlich von fünf Frauen – ich vermutete, es waren Sinti oder Roma – umringt. Sie schienen ihn regelrecht zu bedrängen. Jemand aus unserer Gruppe rief ihm zu, auf seine Geldbörse aufzupassen. Jetzt hatte es bei ihm geklingelt. Fluchtartig löste er sich aus dem Kreis der Frauen.

An einem freien Nachmittag, der für unsere Reisegruppe eingeplant war, hielt ich mich mit Alfons und einigen anderen Reiseteilnehmern in der Nähe des Parlamentsplatzes auf, als ein jüngerer Mann auf uns zukam und uns nach unserem Herkunftsland fragte. Alfons, der sich angesprochen fühlte, gab zu erkennen, dass er aus Bayern stamme. Darauf hakte der Fremde sofort ein und fragte, ob wir wüssten, dass Griechenland einmal einen König Otto aus Bayern gehabt habe. Worauf Alfons antwortete, dass er das wisse und stolz darauf sei. Es entspann sich ein kleines Gespräch. Es ging um Völkerverständigung. Falls wir Lust hätten, würde uns der griechische Gesprächspartner zu einem Ouzo in einer nahe gelegenen Gaststätte einladen. Die meisten Besucher aus unserer Gruppe verhielten sich zurückhaltend. Nur Alfons war sofort Feuer und Flamme. Er war bereit, etwas für die deutsch-griechische Freundschaft zu tun. Er folgte dem Fremden, obwohl ich ihm zuflüsterte, sich das zu überlegen. Nach einer Weile fand Alfons, ganz aufgelöst und ganz außer sich, wieder zu unserer Gruppe zurück. Man hatte sich inzwischen in einem lauschigen Gartenrestaurant niedergelassen. Alfons berichtete, dass der junge Mann ihn in eine Spelunke geführt habe, wo außer dem Wirt noch ein paar „Damen" saßen. Eine von ihnen, die ein wenig Deutsch sprach, sei sofort an den Tisch gekommen, an dem Alfons und der junge Grieche Platz genommen hatten, und bestellte gleich etwas zu trinken. Man trank erst einmal auf die deutsch-griechische Freundschaft. Es blieb nicht nur bei einem Ouzo. Alfons sagte, er habe sich den Alkohol mit Todesverachtung die Kehle hinuntergestürzt, um nicht unhöflich zu erscheinen. Als die nette Dame ihm dann so verdächtig nahe auf die Pelle rückte, schrillten bei ihm die Alarmglocken. Er habe sich dann schnell verabschieden wollen, mit der Begründung, dass er zurück zu seiner Reisegruppe müsse. So einfach habe man ihn jedoch nicht gehen lassen wollen und ihn aufgefordert, die Zeche zu zahlen. Auf seine Bemerkung, dass er doch eingeladen gewesen sei, bedeutete man ihm, dass nur ein erster Ouzo auf Kosten des Hauses gegangen sei. Spätestens jetzt wurde unserem Alfons klar, dass man ihn in ein Nepplokal gelockt hatte. Mein Kommentar war: „Alfons, das war dir gewiss eine Lehre."

Am 13.10.2006, um 15:40 Uhr, bestieg unsere Reisegruppe in Athen eine Boeing B737-400 der Olympic Airlines in Richtung Frankfurt am Main. Nach einem beinahe viereinhalbstündigen Flug landete die Maschine um 19:00 Uhr in Frankfurt/Main.

Hawaii lässt grüßen

Den Höhepunkt des Jahres 2008 stellte eine Reise in die USA mit einem Abstecher nach Hawaii dar. Damit wollten meine Frau und ich uns einen Wunschtraum erfüllen. Die Reise führte zunächst über Denver nach Los Angeles. Von dort aus ging es mit einer Boeing B767-300 nach Hawaii. Nach einem fünfeinhalbstündigen Flug landete die Maschine um 19:50 Uhr Ortszeit in Honolulu, der Hauptstadt von Hawaii. Jetzt war ein lang gehegter Traum in Erfüllung gegangen. Mit einem Zubringerbus ließen wir uns ins Hotel „Holiday Inn“ bringen.

Der nächste Tag war ein Ruhetag. Wir mussten uns erst einmal von der langen Anreise erholen. Außer einem kleinen Stadtbummel und einem Abstecher zum bekannten Waikīkī Beach unternahmen wir nichts. Am Donnerstag, dem 17. Juli, waren wir schon etwas unternehmungslustiger. Mit einem Bus, der aussieht wie ein Straßenbahnwagen (Linie 60?), begaben wir uns nach Pearl Harbor. Die Hauptattraktion im Hafen von Pearl Harbor war das riesige Schlachtschiff „Missouri“, welches den japanischen Überfall am 6. Dezember 1941 auf die Insel überlebt hatte. Mit den großen Geschütztürmen und den Decksaufbauten glich das Schiff, das in ein Museum umfunktioniert worden war, einem angsteinflößenden Ungetüm. Unweit der Anlegestelle der „Missouri““ hatte man eine Gedenkstätte für die vielen Opfer des japanischen Überfalls errichtet.

Am Morgen des 18. Juli holten wir bei der Autovermietung Alamo unseren bereits im Voraus reservierten Mietwagen ab. Es war ein Chevrolet Malibu. Damit begaben wir uns zu einem vulkanischen Naturwunder außerhalb der Stadt, dem „Diamond Head“. Dieser erloschene Vulkan hatte einen Kegelrand in Form eines Diamantringes. Wir ließen es uns nicht nehmen, den erloschenen Vulkan bis zum Kraterrand hochzukraxeln. Die Mühe wurde dafür mit einer grandiosen Aussicht auf die Stadt Honolulu und das Meer belohnt. Natürlich ließen wir uns auch nicht die Gelegenheit entgehen, am Strand von Waikīkī im Pazifik zu baden bzw. zu schwimmen.

Überwältigt waren wir von der Vielfalt der exotischen Flora. Wir sahen merkwürdige Pflanzenarten, die wir sonst nirgendwo zu sehen bekamen. Da gibt es Bäume von beachtlicher Größe, von deren Ästen Wurzeln in den Boden wachsen, oder Bäume mit hoch über dem Boden gespreizten Wurzeln, die den Eindruck vermitteln, als würden sie wandern. Die seltensten Orchideenarten hatte die Natur hier hervorgebracht. Außer Papageien und Flamingos waren auch verschiedene Kolibri-Arten zu bewundern. Ich hielt diese winzigen Flugkünstler anfangs für Käfer. Sie waren etwas größer als unsere Maikäfer.

Am Strand von Waikiki auf Hawaii

Das Klima war angenehm. Vom Pazifik her wehte meistens eine würzige Brise. Ich kann mich nur an einen einzigen Tag erinnern, wo das Klima feuchtwarm und drückend war.

An einem wunderschönen Tag entschieden wir uns für eine

Fahrt rund um die Insel. Vorbei ging es an nicht enden wollenden Ananasfeldern. Auch Zuckerrohr wurde in größerem Stil angebaut. Während der Fahrt besichtigten wir ein polynesisches Kulturzentrum. Schließlich waren Polynesier die ersten Siedler dieser Inseln. Wir kamen an Stellen vorbei, wo sich Lava ins Meer ergossen und die Fahrbahn blockiert hatte. Bei der Inselrundfahrt streiften wir auch einen Flugplatz, Hickam Air Force Base, der mir noch aus dem Film „Verdammt in alle Ewigkeit" in Erinnerung war.

Einer unserer Ausflüge führte uns zum Palast des ehemaligen Königs von Hawaii. Vor dem Palast befand sich eine überdimensionale Statue von König Kamehameha I. Bis zu diesem Zeitpunkt war mir nicht bewusst, dass Hawaii in den zurückliegenden Jahrhunderten ein Königreich war. König Kamehameha I. (1758–1819) war derjenige, welcher die aus acht gebirgigen Inseln bestehende Inselgruppe geeint hatte. Im Jahre 1897 wurde Hawaii von den Vereinigten Staaten von Amerika annektiert und diente als wichtiger Marinestützpunkt im Pazifik. Erst 1959 wurde Hawaii als 50. Bundesstaat in die USA eingegliedert.

Von den Früchten des Landes schmeckte uns Ananas am besten. Noch nie in unserem Leben haben wir so viel Ananas gegessen wie auf Hawaii. Von den Bieren sagte mir das aus China importierte, süffige Tsingtauer Bier besonders zu. Es stammt aus der früheren deutschen Kolonie Tsingtau und wird noch heute in der von deutschen Siedlern im vergangenen Jahrhundert errichteten Brauerei nach dem deutschen Reinheitsgebot gebraut.

Am eindrucksvollsten waren die Sonnenuntergänge am Strand von Waikīkī aus zu beobachten. Sie werden uns immer in Erinnerung bleiben. Unser kurzer, aber inhaltsreicher Aufenthalt auf dieser wunderschönen Insel neigte sich wieder einmal dem Ende zu. Wie heißt es in einem Lied? „Jedes Märchen geht einmal zu Ende." So auch hier.

Eine Reise in die Westtürkei

Bereits Anfang des Jahres 2010 hatte ich mich zu einer Reise angemeldet, die unter dem Motto „Auf den Spuren der jungen christlichen Kirche in der Westtürkei“ stand. Am 28.05.2010 bestieg ich um 09:30 Uhr einen Airbus A321 der Lufthansa, der mich zunächst nach München brachte. Hier hieß es, wieder in einen Airbus A321 der Lufthansa umsteigen, mit Zielflughafen Izmir. Wir waren eine 23-köpfige Reisegruppe. Die Reiseleitung oblag einem Professor. Er war besonders kompetent auf den Gebieten Geschichte und Theologie. Nebenbei bemerkt, entpuppte er sich auch als hervorragender Reiseleiter. Von Izmir aus wurde die Reise im Bus fortgesetzt. Sie führte über Kusadasi und Milet nach Didyma, wo wir das drittgrößte, aber leider unvollendete Bauwerk der Antike bewundern konnten, nämlich das gigantische Apollo-Heiligtum mit seinen ursprünglich 122 Säulen, deren Säulenhöhe 25 Meter beträgt.

Der nächste Ort der Besichtigung war die antike Stadt Ephesus. Die Begehung der antiken Ruinenstadt war durchaus interessant. Nun möchte ich mich nicht in Einzelheiten ergehen und nur einige herausragende Dinge erwähnen, als da sind: das Johannesgrab, die Marienkirche (spätere Konzilskirche), die Marmorstraße, die Celsus-Bibliothek, das Theater aus dem 3. Jahrhundert v. Chr., welches 25.000 Besuchern Platz bot, spärliche Reste des berühmten Artemis-Tempels, der zu den sieben Weltwundern des Altertums zählte, und die vielen schönen Mosaiken an Wänden und Fußböden der Ruinen.

Tief beeindruckt war ich von einer Morgenandacht mit Abendmahl (Eucharistie) auf einer Anhöhe bei Ephesus in der Nähe der Marienkapelle mit dem Haus der Jungfrau Maria an einem Sonntag, dem 30. Mai 2010. Die Andacht hielt der mitgereiste Pfarrer Michael aus Bad Ems an der Lahn. Die Andacht war ökumenisch geprägt. Das kam bei allen Teilnehmern gut an. Kurz einige Worte zu Pfarrer Michael: Er war fast zwei Meter groß und kräftig und trug stets eine blütenweiße Baseballkappe. Seine große Gestalt ragte wie ein Leuchtturm aus der Gruppe der Mitreisenden heraus. Daher glaubte ich einige Male das Wort „Leuchtturm“ in der Gruppe gehört zu haben. Jedenfalls entpuppte sich dieser Mann später für mich als Glücksfall.

Unser nächstes Reiseziel war Bergama, das alte Pergamon. Bei drückender Hitze erklomm unsere Gruppe den Burgberg von Pergamon, der in der Antike von einem im Jahre 183 v. Chr. errichteten und weithin sichtbaren Zeus-Altar gekrönt war. Davon war jetzt leider – außer ein paar Treppenstufen – nichts mehr zu sehen. Deutsche Archäologen haben alles, was von ihm noch vorhanden war, gegen Ende des 19. Jahrhunderts Stein für Stein abgebaut und nach Berlin verbracht, wo er im dortigen Pergamonmuseum seine Auferstehung feierte. Er ist ein Glanzstück des Museums. Diese Tat hatte man hauptsächlich dem leitenden deutschen Archäologen **Carl Humann** zu verdanken. – Pergamon hatte mit dem steilsten Theater der antiken Welt eine weitere Attraktion aufzuweisen. Der Höhenunterschied beträgt immerhin 37 Meter.

Selbstverständlich durfte das alte Troja auf unserer Reise nicht fehlen. Weit mehr als von der Ausgrabungsstätte selbst wurden die Besucher von einem imposanten Nachbau des berühmten hölzernen Pferdes angelockt, mit dem sich die Griechen vor circa 3.000 Jahren Zugang in die Festung und Stadt Troja verschafft hatten. Die hölzerne Nachbildung konnte sogar von Touristen von innen her erstiegen werden.

Auf der Weiterreise machte unsere Gruppe einen Halt in Bursa, der alten osmanischen Hauptstadt. Besonders gut gefiel mir die Altstadt von Bursa mit der Ulu-Cami-Moschee, dem Seiden-Basar, dem Alten Rathaus, dem hübschen Stadtpark und dem Sultan-Mehmed-Mausoleum. Die Ulu-Cami-Moschee war für Besucher freigegeben. Diese günstige Gelegenheit, eine Moschee von innen zu sehen, ließ ich mir nicht entgehen. Ich war überrascht von der Schönheit der Architektur, die ich im Inneren des Gotteshauses zu sehen bekam.

Auf dem Wege zu einer weiteren Hauptattraktion, nämlich Istanbul, machten wir einen Stopp in Iznik, dem Nizäa der Antike. Nizäa war die Sommerresidenz von Kaiser Konstantin dem Großen, der dem Christentum im Römischen Reich zum Durchbruch verhalf. Hier fand auch im Jahre 325 das 1. ökumenische Konzil der damaligen Christenheit statt. Der Kaiser Justinian errichtete später an dieser Stelle die Basilika der „Heiligen Sophia". Hier fand auch im Jahre 787 das 7. Ökumenische Konzil statt. Der vom Verfall bedrohte Kirchenbau war teilweise restauriert worden.

Blaue Moschee in Istanbul

Am 03.06.2010 erreichten wir die Zwölf-Millionen-Metropole Istanbul als letzte große Station unserer Reise. Istanbul war einst das oströmische Konstantinopel, welches sich vorher Byzanz nannte und ursprünglich eine griechische Stadt war. Istanbul hat viele Sehenswürdigkeiten zu bieten, angefangen bei der Blauen Moschee über die Hagia Sophia, die Zisterne, den riesigen Basar bis zu dem weltberühmten Topkapı-Palast.

Bei der Begehung des „Großen Basars", wegen seiner Überdachung auch „Gedeckter Basar" genannt passierte mir Folgendes: Plötzlich trat ein junger Mann aus einer sogenannten Teppichhöhle heraus, kam auf mich zu und sprach mich auf Deutsch mit „Herr Rösel" an. „Sie sind bestimmt ein Teppichliebhaber. Kommen Sie und schauen Sie sich meine Teppiche ganz unverbindlich an." Ich war erstaunt und sprachlos zugleich. Woher wusste der junge Mann meinen Namen und wie kam er darauf, dass ich ein Teppichliebhaber bin? Ich fragte ihn sogleich, woher er meinen Namen kenne. Er zeigte auf mein Namensschild, das ich auf der Brust trug, wie alle Reiseteilnehmer unseres Reiseanbieters „Biblische Reisen". Während eines kurzen Gespräches erfuhr ich, dass der junge Teppichverkäufer in Deutschland aufgewachsen und dort auch zur Schule gegangen war. Ich habe seine Aufforderung, seine Teppiche anzusehen, dankend abgelehnt und die Begehung des Basars fortgesetzt.

Ein „Leuchtturm" als Retter

In Istanbul gab es noch eine weitere Episode. Sie trug sich bei der Besichtigung der Hagia Sophia zu, die von den Türken zuerst in eine Moschee, dann in ein Museum umfunktioniert wurde. Unsere Reisegruppe hatte die Besichtigung im unteren Teil der Hagia Sophia abgeschlossen und befand sich auf der rechten Seite der umlaufenden Empore, als ich das Bedürfnis verspürte, eine Toilette aufzusuchen. Daher meldete ich mich ordnungsgemäß beim Reiseleiter ab und wollte mich gerade auf den Weg machen, als er mir zurief: „Sie finden uns hinterher auf der anderen Seite wieder."

Als ich zurückkam, war die Kirche fast leer. Kein bekanntes Gesicht war mehr zu sehen. Wo mag die Gruppe hingegangen sein?, fragte ich mich. Mir fielen in diesem Moment die Worte des Reiseleiters von der „anderen Seite“ ein. Vielleicht meinte er die gegenüberliegende Straßenseite von der Hagia Sophia. Also hastete ich hinaus aus dem Kirchen- und Museumskomplex der Hagia Sophia und begab mich auf die Straße, die hoch zum Topkapı-Palast führte. Wie weit mochte die Gruppe wohl gekommen sein? Schnell warf ich noch einen Blick in die auf dem Wege liegende Zisterne. Niemand von unserer Gruppe war dort zu erblicken.

Nach wenigen Minuten stand ich am Topkapı-Palast vor dem Kanonentor. Keine bekannten Gesichter! Jetzt hastete ich den gleichen Weg wieder zurück. Vielleicht war ich zu schnell und meine Reisegruppe hatte möglicherweise den Komplex bei der Hagia Sophia noch nicht verlassen. Mir gingen alle möglichen Gedanken durch den Kopf. Allmählich kam bei mir so etwas wie Panik auf. Ich kannte nicht einmal die Straße unseres Hotels, geschweige dessen Namen. Ich hatte mir allerdings für den Notfall die Adresse des Deutschen Generalkonsulats aufgeschrieben. Wo könnten meine Leute wohl sein? Auf dem Rückweg kam ich an einer Gartenwirtschaft vorbei. Dort musterte ich intensiv beinahe jeden einzelnen Besucher. Leider erblickte ich kein bekanntes Gesicht. Also ging es noch einmal zurück zum Eingang der Hagia Sophia. Vielleicht wartete die Gruppe dort auf mich. Das Ergebnis war negativ.

Ich war schon wieder auf der Straße und warf noch einmal einen Blick zurück. Weit hinten auf der anderen Seite der Kirche befand sich eine Gruppe, die ziemlich unschlüssig herumstand. Aus ihrer Mitte ragte so etwas wie ein Leuchtturm heraus. Ich schaute noch einmal etwas genauer hin und tatsächlich handelte es sich um meine Gruppe, die ich verloren hatte und aus deren Mitte die große Gestalt des Pfarrers Michael herausragte. Gerettet!

Ich war sehr erleichtert und ging direkt auf die Gruppe zu und spürte auch deren Erleichterung. Wir hatten uns wiedergefunden! Wie sich alsbald herausstellte, beruhte die Verfehlung auf einem Missverständnis. Mit dem Hinweis des Reiseleiters zuvor von einem Treffen „auf der anderen Seite“ war die andere Seite der Empore in der Hagia Sophia, wo eine Gemäldeausstellung zu sehen war, gemeint, und nicht die andere Straßenseite rechts von der Hagia Sophia!

Am 05.06. war der Zauber von Tausendundeiner Nacht zu Ende. Um 17:50 Uhr bestieg unsere Reisegruppe in Istanbul eine Maschine vom Typ Airbus A321 der Lufthansa, die uns nach Frankfurt/Main brachte.

Eine Reise zum Nordkap

Ursprünglich hatten mein Bundeswehrkamerad Hans und ich bei einem Treffen im Café Geisler in Köln-Wahn eine gemeinsame Nordkap-Reise mit einem Schiff der Hurtigruten-Linie ins Auge gefasst. Meine Frau wollte nicht mit von der Partie sein, weil sie befürchtete, seekrank zu werden. So beschlossen Hans und ich, die Reise allein durchzuführen.

Die Reise hatte ich bereits im Februar bei unserem Reisebüro in Sankt Augustin für den 23. Juni 2011 gebucht. So weit, so gut! Alles schien paletti zu sein, bis wenige Tage vor Reisebeginn Hans in einem Bus in Köln einen Ohnmachtsanfall hatte. Er wurde direkt mit einem Sanitätsfahrzeug in das Köln-Deutzer Eduardus-Krankenhaus gebracht. Dort stellte man eine Verengung der linken Halsschlagader fest. Hans musste sich einer Operation unterziehen und die Reise absagen. Jetzt war guter Rat teuer. Die Reise war bereits bezahlt und eine Reiserücktrittsversicherung existierte nicht. Um nun den gezahlten Reisepreis nicht verfallen zu lassen, sprang Judy unter Zurückstellung ihrer Ängste in die Bresche.

Am 23.06.2011 in der Früh bestiegen wir in Düsseldorf unser für die Reise vorgesehenes Flugzeug, das uns nach Kirkenes in den höchsten Norden Norwegens, nahe der russischen Grenze, brachte. Dort bestiegen wir die „Polarlys“, ein Schiff der Hurtigruten-Linie, das uns nach Umrundung des Nordkaps entlang der norwegischen Westküste nach Bergen in Südnorwegen bringen sollte. Es war gerade Mittsommernacht, als die „Polarlys“ das Nordkap umrundete. Meine Frau und ich saßen mit unserer Reiseleiterin in der Bar. Da fiel uns ein, dass ich an diesem Tag meinen 74. Geburtstag hatte. Sofort wurde Sekt bestellt und wir stießen mit unserer Reiseleiterin und einigen anderen Reiseteilnehmern auf mein Wohl an.

In einer kleinen Hafenstadt namens Vardø am Nordkap ging gegenüber unserer „Polarlys“ eine königliche Jacht vor Anker.

Bald darauf löste sich von ihr eine kleine Schaluppe und steuerte auf den Kai zu. Ihr entstieg keine geringere Persönlichkeit als die norwegische Königin Sonja. Ihr Weg führte zu einem Denkmal, das sie in einer feierlichen Zeremonie einweihen sollte.

Auf der Höhe des Nordkaps begegneten wir einem Schwesternschiff der „Polarlys", der „Richard With". Es wurde gehupt und gewunken und bald war das Schiff unseren Blicken entschwunden. Einige Tage hatten wir das Vergnügen, das Schauspiel der nicht untergehenden Mitternachtssonne am Polarkreis mitzuerleben. Die Route führte vorbei an mit Gletschern bedeckten Bergen und zum Teil kargen, lebens- und siedlungsfeindlichen Landschaften. Erst in Hammerfest, der nördlichsten Stadt der Welt, belebte sich das Bild. Unser Schiff machte auch einen Halt in Tromsø, der größten Stadt Nordnorwegens. Sie diente Amundsen als Ausgangspunkt für seine Forschungs- und Entdeckungsreisen. Wir passierten die Inselgruppen der Vesterålen und der Lofoten. Eng wurde es im nur 100 Meter breiten und 195 Meter tiefen Trollfjord auf den Lofoten. Wir sahen Seeadler über uns kreisen und Wasserfälle aus mehreren Hundert Metern Höhe in die Tiefe stürzen. Bei Brønnøysund, südlich des Polarkreises, stießen wir auf ein Naturwunder, den Berg Torghatten, der ein durchgehendes Loch von einer Bergseite zur anderen aufwies. Auch die Sonnenuntergänge südlich des Polarkreises waren immer ein besonderes Schauspiel.

Südlich des Polarkreises wurde die Landschaft zunehmend freundlicher. Unterwegs begegneten uns mehrere Schwesternschiffe der „Polarlys". Es wurde immer eifrig gewunken. Schließlich erreichten wir Trondheim, die ehemalige Königs- und Hansestadt, deren Hafen einst von einer Festungsinsel geschützt wurde. Erwähnenswert ist in Trondheim das alte Speicherviertel und der Nidarosdom, Krönungskirche der norwegischen Könige. Trondheim hat uns sehr gut gefallen. Danach ging es in den Geirangerfjord, der uns stark beeindruckte. Von hier aus war es nicht mehr weit bis nach Bergen. In Bergen bestiegen wir ein Flugzeug, das uns in wenigen Stunden nach Düsseldorf brachte. Die schöne Reise endete am 28. Juni 2011.

Eine Kreuzfahrt mit der AIDAbella

Es näherte sich der Tag, an dem meine Frau (Judy) und ich unser 50-jähriges Ehejubiläum feiern konnten. Es handelte sich um den 9. März 2012. Wir hatten uns vorgenommen, an diesem Tage allem Rummel aus dem Weg zu gehen, indem wir uns für eine Kreuzfahrt entschieden. Bereits Anfang des Jahres hatten wir für die Zeit vom 1. bis 12. März 2012 eine kombinierte Flug- und Schiffsreise gebucht. Am 1. März bestiegen wir in Düsseldorf ein Flugzeug, das uns nach Las Palmas auf der Insel Gran Canaria brachte. Dort nahm uns das Kreuzfahrtschiff AIDAbella auf.

Man wies uns eine Außenkabine mit Balkon zu, von der wir ganz angetan waren. Es war vorgesehen, dass die Schiffsreise von Las Palmas über Teneriffa zunächst nach Madeira gehen sollte. Von unserem Balkon konnten wir sehr gut das Geschehen auf dem Atlantik beobachten. Einmal sahen wir eine Schule von Schweinsdelfinen vorbeikreuzen. Auf der Insel Madeira lernten wir bei einer Führung den klimatischen Unterschied zwischen der feuchten Nord- und der sonnigen Südseite der Insel kennen. Jedenfalls waren wir total berauscht von der üppigen Vegetation.

Nach einem Seetag erreichten wir mit der AIDAbella Lissabon. Wir kannten Lissabon noch aus früheren Zeiten. Die Stadt hatte kaum etwas von ihrem Liebreiz verloren. Nach einem kurzen Aufenthalt in Cádiz, einem betriebsamen Überseehafen, schlich unser Schiff nachts durch die Straße von Gibraltar, die, wie nicht anders zu erwarten, wieder völlig unter Wasser stand.

Am frühen Morgen erreichten wir Málaga. Málaga ist eine wunderschöne Stadt. Von den aus der maurischen Zeit stammenden Festungen auf einer alles überblickenden Höhe sah man weiter unten die bekannte Stierkampfarena, die einarmige Kathedrale und die Hafenanlagen mit dem Kai, an dem unsere AIDAbella festgemacht hatte. Leider legte unser Schiff viel zu früh in Málaga ab. Wir wären gerne noch etwas länger geblieben.

Der nächste Zielhafen war Tanger. Tanger gefiel uns weniger gut. Es ist eine verräucherte Industriestadt mit einem riesigen Containerhafen. Eine ganze Nacht rauschte die AIDAbella durch die Wellen des Atlantiks, bis Casablanca erreicht war. Hier schloss ich mich einer Stadtführung an, während Judy an Bord des Schiffes blieb.

Von Casablanca war ich sehr angetan. Es ist eine interessante Stadt mit vielen Sehenswürdigkeiten und einem Hauch von Orient. Ich war dermaßen beeindruckt von dieser Stadt, dass ich mir sagte, nach Marokko mit seinen märchenhaften Städten und seiner vielfältigen Landschaft musst du unbedingt mal eine separate Reise machen.

Nun komme ich nicht umhin, eine kleine Episode einzuflechten: Es war der 9. März, unser 50. Hochzeitstag. Alle Passagiere waren an Bord. Die AIDA legte gerade ab. Meine Frau und ich begaben uns nach dem Abendessen in die Bar, um mit Sekt auf unseren Jubeltag anzustoßen. Man spürte, wie das Schiff gegen die starke Brandung anzukämpfen hatte. In dem Moment, als wir die Sektgläser erhoben, um anzustoßen, ging ein starker Ruck durch das Schiff. Die AIDAbella hatte offensichtlich einen schweren Brecher abbekommen. Der Stoß war so heftig, dass fast sämtliche Gläser aus den Regalen hinter der Bar mit lautem Geklirr auf den Boden krachten. Gott sei Dank hatten Judy und ich unsere Gläser noch in der Hand, sonst wären sie gewiss auch umgekippt und auf den Boden geknallt. Kaum hatte man sich von dem Schreck erholt, gab es einen zweiten, noch härteren Stoß. Jetzt fielen auch die restlichen Gläser und Flaschen aus den Regalen hinter der Bar. Es bildete sich ein riesiger Scherbenhaufen. Judy und ich betrachteten dieses Ereignis als ein gutes Omen. Es heißt doch: „Scherben bringen Glück."

Die Reise neigte sich langsam dem Ende zu. In Lanzarote wurde noch ein kurzer Stopp eingelegt und von da aus ging es zurück zum Ausgangspunkt der Reise nach Gran Canaria. Von hier aus brachte uns dann eine Maschine der Lufthansa zurück nach Düsseldorf. Diese Kreuzfahrt wird uns in ständiger Erinnerung bleiben. Es war das schönste Geschenk, das wir uns anlässlich unseres 50. Hochzeitstages machen konnten. Damit ging gleichzeitig ein lang gehegter Wunsch in Erfüllung.

Eine Reise nach Kanada

Bereits Anfang des Jahres hatten meine Frau und ich für August/September 2013 eine dreiwöchige Reise nach Kanada in Verbindung mit einem Abstecher in die USA gebucht. Am 20.08.2013, 13:30 Uhr, bestiegen wir in Frankfurt am Main eine Boeing B777-300 der Fluggesellschaft AIR CANADA in Richtung Kanada. Nach sieben Stunden und 40 Minuten landete die Maschine um 15:10 Uhr Ortszeit in Montreal. Montreal, wie übrigens auch die ganze Provinz Québec in Osten Kanadas, ist französisch geprägt. Es wird überwiegend Französisch gesprochen. Englisch ist dort die Zweitsprache.

An zwei Dinge kann ich mich besonders gut erinnern: an eine fast drei Kilometer lange Einkaufszeile unterhalb einer Hauptverkehrsstraße (gut geeignet für Einkäufe zur Winterzeit) und an eine nette Begrüßung im Deutschen Generalkonsulat durch die stellvertretende Generalkonsulin. Nach drei Tagen, am 23.08.2013, 10:30 Uhr, begaben wir uns in Montreal an Bord eines Airbus A320-100/200, der uns nach einem fünfeinhalbstündigen Flug nach Vancouver an die Westküste Kanadas brachte.

Vancouver ist eine schöne Stadt, besonders wenn es nicht regnet. In Vancouver spricht man Englisch. Französisch rangiert hier erst an zweiter Stelle. In Vancouver hatten wir uns ein Auto gemietet. Ich glaube, es war ein Ford. Von hier aus rollten wir in die Berge.

Entlang der Rocky Mountains

Die Rocky Mountains waren unser Ziel. Nach zwei Übernachtungen in Hope und Revelstoke erreichten wir am 25. August unser vorläufiges Ziel: Canmore am Rande des Banff-Nationalparks. Von Canmore aus unternahmen wir Ausfahrten in die nähere Umgebung, bevor wir uns auf den vielfach empfohlenen Weg entlang des Icefields Parkway nach Jasper begaben. Dabei streiften wir die malerische Ortschaft Banff mit dem Felsengebirge als Kulisse im Hintergrund. Abseits der Hauptroute entdeckten wir den Lake Louise, die Perle des Nationalparks, mit einer Landschaft von atemberaubender Schönheit. Von hier aus unternahmen wir eine Wanderung zum Mount Fairview. In circa 500 Meter Höhe, oberhalb des Sees, befindet sich eine Aussichtskanzel, von der aus man eine fantastische Aussicht auf den Lake Louise hat. Am östlichen Ufer des Sees befindet sich das bekannte Hotel Fairmont und am anderen Ende des Sees ist der Gletscher vom Mount Victoria zu sehen.

Auf der Aussichtskanzel trafen wir eine chinesische Familie aus Ürümqi, der Hauptstadt der chinesischen Provinz Xinjiang. Wir unterhielten uns ganz nett mit ihnen auf Englisch. Sie schienen etwas wohlhabend zu sein und machten in Kanada Urlaub. Da es Mittagszeit war, entschlossen wir uns, im weltbekannten und noblen Fairmont-Hotel zu Mittag zu essen. Ich erinnere mich daran, dass wir Spareribs bestellten. Bedienung und Essen waren nicht zu beanstanden.

Nach dem Mittagsmahl wanderten wir eine Weile am Ufer des Lake Louise entlang, um bald darauf die Rückfahrt über Banff nach Canmore anzutreten. Vom Lake Louise aus folgten wir bis Banff dem Lauf des türkisfarbenen Bow Rivers. Es handelte sich um eine landschaftlich besonders schöne Strecke.

Der nächste Tag sollte einen Höhepunkt unserer Reise darstellen. Wir starteten schon in aller Frühe von Canmore aus, da wir eine lange und anstrengende Strecke zurückzulegen hatten. Wir passierten wieder Banff, ließen den Lake Louise links liegen und folgten von dort aus dem Icefields Parkway. Dies sollte man wissen: Zwischen Lake Louise und Jasper, entlang des Hauptkammes der kanadischen Rocky Mountains, zieht sich Nordamerikas schönste Panorama-Hochgebirgsstraße, der 230 Kilometer lange Icefields Parkway, quer durch verschiedene

Nationalparks. Dabei bietet sich dem Betrachter ein grandioses, atemberaubendes Hochgebirgspanorama mit schneebedeckten Gipfeln, Gletschern, rauschenden Wasserfällen und türkisfarbenen Seen. Etwa 100 Kilometer südlich von Jasper trifft man auf das 325 Quadratkilometer große Columbia Icefield. Vom Columbia Icefield Centre blickt man auf den Stutfield- und den Athabasca-Gletscher. Hochrädrige Spezialbusse mit fast zwei Meter großen Ballonreifen befördern Touristen auf den einen Kilometer breiten und 5,5 Kilometer langen Athabasca-Gletscher.

Nach einer langen und beeindruckenden Fahrt durch eine grandiose, wildromantische Hochgebirgslandschaft, erreichten wir gegen Abend Jasper. Wir hatten Glück, während der Hauptreisezeit ein Zimmer zu bekommen. Ausgerechnet im ältesten und zugleich historischen Hotel Astoria hatte man noch ein Zimmer für zwei müde Reisende aus Deutschland parat.

In Jasper verbrachten wir einen Tag, bevor wir die Rückreise über eine andere Route antraten. Bei Tête Jaune Cache überquerten wir den Hauptkamm der Rocky Mountains und folgten dem North Thompson River in südlicher Richtung bis Kamloops. Hier drehten wir, weiterhin dem Lauf des North Thompson Rivers folgend, nach Westen ab, bis wir die winzige Ortschaft Cache Creek erreichten. Da die Fahrt durch das Gebirge anstrengend war, entschlossen wir uns, in Cache Creek zu übernachten. Am Rande dieser kleinen Ortschaft entdeckten wir ein uriges Blockhaus mit Namen „Bärenkralle“. Hier legten wir eine Übernachtung ein.

Eine Begegnung mit Claude

Bei einem abendlichen Spaziergang in der Nähe eines Parks begegnete uns ein Narbengesicht mit einem Schäferhund. Irgendwie musste dieser Typ uns als Touristen erkannt haben. Er kam direkt auf uns zu. Es wurde uns etwas unheimlich zumute. Ich hielt schon mit der rechten Hand mein Schweizer Taschenmesser in meiner Jackentasche fest umklammert, für alle Fälle! Nun kam die Gestalt näher und fragte uns, woher wir kämen. Als wir uns als Deutsche zu erkennen gaben, wurde er sehr gesprächig und stellte sich als **Claude** vor. Sein Englisch war etwas holprig. Es hatte einen starken französischen Einschlag. Bei näherer Betrachtung stellten wir bei ihm mehrere Narben fest, nicht nur im Gesicht, sondern auch an den Armen, die unter seinem TShirt hervorschauten. Sie stammten vermutlich von Messerstechereien bei irgendwelchen tätlichen Auseinandersetzungen, so vermuteten wir. Auf unsere Frage, wie er zu so vielen Narben gekommen sei und ob es sich dabei um Kriegsverletzungen handele, gab er uns zu verstehen, dass es in der Nähe einen Truckstop gebe, wo es unter den Lkw-Fahrern des Öfteren zu handfesten Auseinandersetzungen komme. In solchen Fällen würde ihn der Tankstellenpächter als Streitschlichter zu Hilfe rufen. Dann komme er jedes Mal mit dem Schäferhund und rufe die Kontrahenten zur Ordnung. Man kenne ihn schon und habe auch gehörigen Respekt vor ihm. Dann führte er uns zu seinem Häuschen gleich in der Nähe, auf das er sehr stolz zu sein schien. Es ähnelte einer hübschen und gepflegten größeren Gartenlaube. Wir machten ihm ein Kompliment und bestätigten ihm, dass er ein schönes Haus besitze. Danach begab sich Claude zum Truckstop.

Zwischenstopp am Höllentor

Am nächsten Tag setzten wir unsere Reise, nun wieder in südlicher Richtung über Lytton, wo der North Thompson River in den wilden Fraser River mündet, nach Hope fort. Unterwegs hielten wir am Höllentor bei Yale. An dieser Stelle donnert der Fraser River mit einem Mordsgetöse durch eine kilometerlange

Schlucht. Die Reise ging weiter über Hope – wo wir übernachteten – nach Vancouver. In Vancouver gönnten wir uns einen Tag Verschnaufpause, bevor es nach Winnipeg weiterging. In Vancouver begaben wir uns am 01.09.2013 um 09:20 Uhr an Bord einer Embraer 190 von AIR CANADA zum Flug nach Winnipeg. Nach zweieinhalb Stunden setzte die Maschine auf der Landebahn von Winnipeg relativ sachte auf.

Winnipeg ist eine Großstadt inmitten der Prärie. Sie unterscheidet sich kaum von anderen Städten Kanadas, die allesamt einen sauberen und gepflegten Eindruck machen. Winnipeg diente uns lediglich als Ausgangspunkt zu einem Abstecher nach Bismarck in North Dakota, wo wir Judys betagte Mutter besuchen wollten. Sie hatte ihren 93. Geburtstag bereits hinter sich. Leider verblieben uns nur wenige Tage, bis wir wieder Abschied nehmen mussten. Bald hatte uns der Alltag in Sankt Augustin wieder fest im Griff.

Eine Reise entlang der Seidenstraße

Der Höhepunkt des Jahres 2014 war für mich eine interessante und abenteuerliche Studienreise entlang der Seidenstraße nach Usbekistan in Mittelasien. Sie wurde organisiert von dem Reiseanbieter „Biblische Reisen“ in Stuttgart. Mit dieser Gesellschaft habe ich schon einige Reisen unternommen. Sie hat sich auf dem Sektor Geschichte und Kultur einen Namen gemacht. Ich reise gerne mit dem Reiseunternehmen „Biblische Reisen“. Deren Reiseleiter sind Koryphäen auf den genannten Gebieten. Jede dieser Reisen war bisher ihr Geld wert.

Meine Frau hatte kein Interesse an einer Reise nach Mittelasien. Am 29. September 2014 trat ich allein die oben erwähnte Reise an, wo eine unangenehme Überraschung nicht lange auf sich warten ließ. Morgens um 08:10 Uhr bestieg ich am 29. September in Siegburg den ICE nach Frankfurt/Flughafen, wo ich mich am Abfertigungsschalter der Usbekistan Airways, Terminal 2, Halle **D**, meldete und dort mein Gepäck abgab. Ich hatte noch reichlich Zeit. Der Flug nach Taschkent sollte erst um 11:40 Uhr losgehen.

So nach und nach trudelten die Teilnehmer, die auch die Reise nach Usbekistan gebucht hatten, ein. Als Reiseleitung stellte sich ein Herr Horstmann mit seiner Ehefrau vor. Es war noch eine halbe Stunde vor dem Abflug, als der durchdringende Heulton einer Sirene ertönte und eine laute Stimme die Reisenden aufforderte, die Halle **D** unverzüglich in Richtung Halle **E** zu verlassen. Die Halle **D** sei schnellstens zu räumen! Eine enorme Menschenmenge setzte sich daraufhin in Bewegung. Beim Verlassen der Halle drehte ich mich einmal kurz herum und sah einen herrenlosen Kofferkuli herumstehen, der mit einem einzelnen Gepäckstück beladen war. In diesem Augenblick war mir klar, dass es sich um eine Bombenwarnung handelte. Niemand wusste, wie lange der Alarmzustand andauern würde. Der Reiseleiter meldete die entstandene Lage der

Reisegesellschaft in Stuttgart und machte bei der Gelegenheit darauf aufmerksam, dass unsere Reisegruppe möglicherweise den vorgesehenen Flug nach Taschkent verpassen werde. Das fängt ja schon gut an, dachten die meisten Reiseteilnehmer.

Nachdem wir bereits eine Stunde oder länger in der Halle **E** herumgestanden hatten und bis dahin keine Entwarnung erfolgte, schlug der Reiseleiter vor, ein Bistro innerhalb des Terminals aufzusuchen und auf Kosten der Reisegesellschaft eine Mahlzeit einzunehmen. Das taten wir dann auch und ließen es uns schmecken.

Nach fast drei Stunden kam endlich Entwarnung. Wir begaben uns wieder in die Abflughalle **D**. Am Abflugschalter vernahm Herr Horstmann die schlechte Nachricht, dass die Maschine nach Taschkent (Hauptstadt von Usbekistan) Frankfurt inzwischen verlassen habe. Wir waren bedauerlicherweise nicht an Bord! Jetzt war guter Rat teuer. Herr Horstmann benachrichtigte über sein Handy erneut die Reisegesellschaft in Stuttgart und ersuchte die dortige Reiseabteilung, eine neue Flugverbindung für seine Reisegruppe herauszufinden. Ich kann mir vorstellen, dass nun in Stuttgart die Telefonleitungen zu glühen begannen, galt es doch, noch vor 20:00 Uhr in Taschkent zu sein, um unsere Zimmer im City Palace Hotel beziehen und das Abendessen einnehmen zu können. Immer wieder versuchte unser Reiseleiter, Stuttgart an die Strippe zu bekommen. Ewig hing er in der Warteschleife.

In der Gruppe machte sich langsam Unruhe breit. Man sprach schon von Stornierung der Reise. Endlich kam ein Anruf auf Herrn Horstmanns Handy mit der Nachricht, dass wir nur noch über Prag nach Taschkent gelangen könnten. Im Schweinsgalopp hastete unsere Reisegruppe zum Abflugschalter der Czech Airlines, um dort einzuchecken. Mit Mühe und Not erwischten wir um 19:50 Uhr eine ATR-72 der Czech Airlines. Die Maschine landete um 21:00 Uhr in Prag. Von hier aus ging es erst um 23:55 Uhr mit einem Airbus A319 der Usbekistan Airways weiter nach Taschkent, wo die Maschine am nächsten Tag um 08:30 Uhr landete. An eine Übernachtung war jetzt nicht mehr zu denken. Gott sei Dank wartete im Hotel schon das Frühstücksbüfett auf uns. Unser Reisegepäck befand sich noch in dem Bus, der unsere Reisegruppe vom Flughafen abgeholt hatte und uns während der gesamten Reise begleiten sollte.

In Taschkent stieß unsere einheimische Reiseführerin zu uns. Sie stellte sich als Nina Kuznetsova vor. Ihr Vater war Russe und ihre Mutter eine Ukrainerin. Da es nach dem Frühstück gleich zum nächsten Zielort weiterging, wurde das Gepäck gar nicht erst ausgeladen. Daher hatte unsere Reisegruppe keine Gelegenheit, die Hauptstadt Usbekistans näher in Augenschein zu nehmen.

Samarkand

Das Tagesziel lautete: **Samarkand**. Bis Samarkand waren circa 300 Kilometer auf einigermaßen guten Straßen zurückzulegen. Die Reise führte entlang der uralten Seidenstraße. Allmählich wurde einem jeden bewusst, dass man sich in einer anderen Welt befand: im orientalisch geprägten Mittelasien. Allerdings unterscheidet sich Usbekistan in bestimmten Dingen von den meisten Ländern des Orients. Das mag daran liegen, dass Usbekistan bereits zur Zarenzeit, zunächst über den Handel und später militärisch, stark von Russland beeinflusst wurde. Nach der russischen Oktoberrevolution im Jahre 1917 wurde Usbekistan in die Union der Sozialistischen Sowjetrepubliken eingegliedert. Mit Russisch als Amtssprache hielt auch die kyrillische Schrift Einzug in Usbekistan. Arabisch traf man nur noch in Moscheen und islamischen Schriften an. Im Gegensatz zu anderen europäischen Kolonialmächten, die darauf bedacht waren, ihre Kolonien mehr oder weniger auszubeuten, startete die Sowjetunion in Usbekistan eine groß angelegte Modernisierungskampagne. Die ersten Nutznießer waren die Frauen, die sich von der Unterdrückung durch den Islam befreit fühlten und ohne lange Diskussion ihre verhassten Schleier verbrannten. Unter dem Regime der neuen Herrscher in Moskau wurden Großgrundbesitzer enteignet, die dadurch gewonnenen Ackerflächen zum Anbau von Baumwolle, dem „weißen Gold“, genutzt. Bewässerungsprojekte trieb man voran bzw. realisierte sie. So entwickelte sich Usbekistan zum Hauptbaumwollproduzenten in der Sowjetunion. Ungeachtet des Einflusses sozialistischer Ideen pflegte man weiterhin Kunst und Folklore. Der Aufbau zerstörter historischer Gebäude wurde von staatlicher Seite gefördert. Man mag es kaum glauben, aber erst in der sowjetischen Zeit bildete sich bei den Usbeken ein vorher nicht gekanntes Zusammengehörigkeits- und Nationalgefühl heraus. Bis zur Eingliederung in die Sowjetunion bestand das Land aus einem Flickenteppich, bestehend aus Emiraten, Khanaten und Scheichtümern, die sich zum Teil gegenseitig bekämpften. Jedes Scheichtum und jedes Emirat kochte bis dahin sein eigenes Süppchen. Als Usbekistan im Jahre 1991 die Sowjetunion verließ, konnte es ohne fremde Unterstützung auf eigenen Füßen stehen. In der neuen Republik Usbekistan etablierte sich eine stabile Regierung. Im Gegensatz zu den meisten Kolonien der westlichen Kolonialmächte vollzog sich hier der Übergang zur Eigenständigkeit ohne Unruhen und Chaos. Heute wird das Land von einem Präsidenten namens Islom Kamirow regiert. Wie es aussieht ist er Präsident auf Lebenszeit. Das hat zwar nicht viel mit Demokratie zu tun, aber dafür ist Islom Kamirow ein Garant für Ordnung, Stabilität und Sicherheit. Bei 120 verschiedenen Ethnien, die in diesem Land leben, ist das kein leichtes Spiel. Sein Hauptaugenmerk gilt der Abwehr des Islamismus. So viel über die geschichtliche Entwicklung Usbekistans.

Die Fahrt führte an endlos erscheinenden Baumwollfeldern und größeren und kleineren, meist aus einstöckigen, braunen

Lehmhäusern bestehenden Ortschaften vorbei. Viele der Mitreisenden waren von der langen Anreise nach Taschkent total übermüdet, sodass sie die Ausführungen der Reiseführerin nur mit halbem Ohr mitbekamen. Unterwegs wurde eine Picknickpause mit Tee und Fladenbrot eingelegt. Pausen dieser Art gab es unterwegs immer häufiger, wenn die Entfernungen zwischen den Städten zu groß waren. Toiletten waren rar. Zur Verrichtung der Notdurft bzw. zu Pinkelpausen hielt der Bus am Straßenrand an und man verteilte sich im Gelände: Das weibliche Geschlecht begab sich auf die rechte Seite des Busses und die Herren der Schöpfung auf die linke Seite oder umgekehrt. Nach wenigen Minuten konnte die Fahrt ohne großen Aufenthalt wieder fortgesetzt werden. Bei solchen Anlässen war es ratsam, immer etwas Papier für hinter(n)listige Zwecke bei sich zu haben.

Nach einer lang erscheinenden und ermüdenden Fahrt erreichte unser Bus Samarkand, bekannt als die Heimstätte der Märchen aus Tausendundeiner Nacht. Wir Reisenden waren viel zu müde, um uns an diesem Abend noch die viel gepriesene Stadt an der Seidenstraße anzusehen. Unser größter Wunsch war, zu essen und anschließend den versäumten Schlaf nachzuholen. Vor dem Abendessen, wie auch zu allen anderen Mahlzeiten, vollzog sich ein bestimmtes Ritual: Nina, unsere einheimische Reiseleiterin, ließ vor den Mahlzeiten eine Flasche mit einem Desinfektionsspray herumgehen, damit sich jeder die Hände einsprühen konnte. Dasselbe galt auch bei Toilettengängen. Die Reiseleitung wollte kein Risiko in puncto Krankheiten eingehen. Außerdem gab es zum Essen immer ein Glas Wodka zu trinken. Es hieß: zur Prophylaxe! Bei dem letzteren Ritual hatte ich mich stets zurückgehalten. Das war gut so, denn ich war während der Reise einer der wenigen Reiseteilnehmer, die nicht von der Rache Timurs heimgesucht wurden. Zum Zähneputzen sollte aus hygienischen Gründen kein Leitungswasser benutzt werden. Stattdessen putzte man sich die Zähne mit Mineralwasser. Bei unseren Busfahrern gab es davon reichlich und preiswert zu kaufen. Jeder schleppte ständig ein oder zwei Wasserflaschen mit sich herum.

Am nächsten Morgen war gleich nach dem Frühstück eine Stadtbesichtigung Samarkands – teils zu Fuß, teils mit dem Bus – angesagt. Samarkand hieß zu Zeiten Alexander des Großen (330 v. Chr.) **Marakanda** und war die Hauptstadt der Provinz Sogdien, die zwischen den Flüssen Syrdarja und Amudarja lag. Samarkand nennt sich „Perle der Seidenstraße". Nicht umsonst machte der große mongolische Eroberer **Timur** (Tamerlan), ein späterer Nachkomme Dschingis Khans, Samarkand zur Hauptstadt seines Reiches. Zur großartigen Ausgestaltung dieser Stadt rief er Künstler, Architekten und Handwerker aus allen Teilen seines Reiches herbei. Viele dieser Künstler brachte er auch von seinen Eroberungszügen mit. Samarkand wurde zu einem Mittelpunkt von Wissenschaft, Kunst, Kultur, Wirtschaft und Handel. Aus meiner Sicht ist Samarkand die schönste Stadt Usbekistans.

Überwältigend ist auch die Vielzahl der historischen Bauwerke. Angesichts der üppig und mit den schönsten Mosaiken und farbig lasierten Kacheln ausgestatteten Moscheen kommt man aus dem Staunen nicht heraus. Mir fiel auf, in ganz Usbekistan kaum Ruinen gesehen zu haben. Ruinen, sofern sie vorhanden waren, hatte man im ursprünglichen Zustand wiederaufgebaut. Unser erstes Ziel war der Registan-Platz, ein großer Versammlungsplatz, der in anderen Ländern als Maidān bekannt ist. Der Registan ist an drei Seiten von Medresen (früher Koranschulen) umgeben. Nach Süden ist er offen. Bei den Medresen handelt es sich um Bauwerke von nie gesehener Größe und Komplexität. Eine Medrese von ausgesuchter Schönheit ist die aus dem 15. Jahrhundert stammende Ulugh-Begh-Medrese mit ihren kostbaren Fayencen. Übrigens, bei Mirzo Ulugh-Begh handelt es sich um den Lieblingsenkel von Timur. Ulugh-Begh war zur damaligen Zeit ein berühmter Wissenschaftler und befasste sich hauptsächlich mit Astronomie. Er errichtete zum Beispiel in Samarkand eine der größten Sternwarten der damaligen Zeit. Die Reste eines dazugehörenden, gemauerten, gewaltigen Sextanten kann man heutzutage noch bestaunen. Wir besichtigten alle drei Medresen. Die Tella-kari-Medrese, „die Goldgeschmückte", übertraf jedoch alle anderen Medresen an Schönheit. Ich ließ es mir nicht nehmen, einige der Unterrichtsräume und Schlafräume in den Medresen näher in Augenschein zu nehmen. Eine Fremdenführerin von anmutiger Schönheit erklärte mir, dass sich im unteren Stockwerk die Unterrichtsräume und im oberen Stockwerk die Schlafräume der Studenten befanden. Ich stellte fest, dass die relativ kleinen Unterrichtsräume, außer dem Lehrer, Platz für drei bis vier Studenten boten. Ein Blick in einen der oberen Schlafräume ließ zwei schmale Schlafstätten erkennen.

Mit der Fremdenführerin kam ich kurz ins Gespräch. Die Unterhaltung fand auf Englisch statt. Im Verlauf des Gespräches erklärte sie mir, dass Englisch an den Gymnasien zum Pflichtfach gehöre. Deutsch sei als Wahlfach eingeführt worden. Man sei derzeit dabei, die kyrillische Schrift abzuschaffen und durch die lateinische Schrift zu ersetzen. Dabei erwähnte sie, dass sie Englischlehrerin an einem Samarkander Gymnasium sei. Beim Verlassen der Medrese bemerkte ich, dass die usbekische Schönheit Interesse an mir, einem für sie exotischen Europäer, dazu noch einem Deutschen, gefunden hatte. Sie versuchte deshalb unseren Diskurs weiter zu vertiefen. Aber ich war in Eile und durfte den Anschluss an unsere Reisegruppe nicht verlieren, wie es damals in Istanbul der Fall war. Es war jedenfalls eine gegenseitige Sympathie zu spüren. Zum Schluss fragte sie nach meinem Namen. Ich nannte ihr meinen Vornamen: „Paul". Auf die Frage nach ihrem Namen antwortete sie: „Narzissa". Nach einem längeren Händedruck als üblich verabschiedeten wir uns. An diese nette Begegnung habe ich mich noch lange erinnert. Damit war die Besichtigung der Medresen abgeschlossen.

Hauptversammlungsplatz (Registan)
von Samarkand

Unsere Reisegruppe begab sich nun zur Bibi-Chanum-Moschee. Es ist die einzige Moschee in Usbekistan, die nach einer Frau benannt wurde. Beim Betreten einer Moschee, wie auch bei Privatwohnungen, ist es hier und im gesamten islamischen Raum Pflicht, am Eingang die Schuhe auszuziehen. Der Boden der Moscheen ist heilig und stets mit dicken Teppichen ausgelegt. Man hat immer das Gefühl, darin einzusinken. Nach dem Besuch der Moschee besuchten wir eine katholische Kirche. Wir waren alle überrascht, in einem islamischen Land eine christliche Kirche vorzufinden. Später besuchten wir eine jüdische Synagoge. Über so viel Toleranz in einem sunnitisch geprägten, islamischen Land waren wir erstaunt. Usbekistan ist jedenfalls nicht Saudi-Arabien!

Nachmittags machten wir einen Bummel durch den riesigen Basar und abends erwartete uns ein Abendessen bei einer tadschikischen Familie. Zum Essen, das aus Plov bestand, wurde speziell für die Reisenden aus Deutschland ein vorzüglicher

Weißwein serviert. Obwohl ich mir ansonsten nichts aus Alkohol mache, konnte ich diesmal nicht widerstehen und habe ein Gläschen von diesem köstlichen Nektar gekostet. Zum Nationalgericht Plov wäre zu sagen, dass es sich hierbei um ein mit Gemüse (Erbsen, Karotten etc.) und Hammel-, Rind- oder Hühnerfleisch angereichertes Reisgericht handelt. Es erinnerte mich unwillkürlich an eine spanische Paella. Hammelfleisch mit Reis oder Spießbraten, bestehend entweder aus Rind-, Hammel- oder Hühnerfleisch, sind gängige Gerichte in Usbekistan. Zu jedem Essen wird Tee oder Mineralwasser gereicht. Das ist Standard.

Mir ist aufgefallen, dass sich in den privaten Häusern die Hauswirtschafträume im Erdgeschoss und die Wohnräume im ersten Stock befinden. Die Kosten für das Essen in einer privaten Familie wurden selbstverständlich vom Reiseveranstalter bestritten. Die Familienangehörigen fungierten bei solchen Anlässen als Bedienungspersonal. Man war immer sehr höflich und hieß uns stets willkommen. Wie ich im Verlauf der Reise feststellen konnte, ist der usbekische Menschenschlag in seinem Wesen stets zurückhaltend und freundlich, weder aggressiv noch aufdringlich. Genau das Gegenteil habe ich als besonders unangenehm in Marokko, Mexiko und in der Türkei erlebt.

Am vierten Reisetag stand die Besichtigung einer Gräberstadt mit Namen Schahe Sende auf dem Programm. Sie besteht aus einer circa einen Kilometer langen Straße, die zu beiden Seiten mit gigantischen Mausoleen, die aus der Zeit zwischen dem 11. und 15. Jahrhundert stammen, flankiert ist. Gleich hinter dem Eingang zur Gräberstraße befindet sich ein ziemlich großer, steinerner Baldachin mit einem überdimensionalen, hölzernen Bettgestell, das mit Teppichen belegt ist. Darauf saß mit untergeschlagenen Beinen ein islamischer Vorbeter. Von Zeit zu Zeit kamen kleinere Gruppen oder auch einzelne Personen, um unter dem Baldachin Platz zu nehmen und mit dem Vorbeter zu beten.

Der Anblick der haushohen Eingangsportale zu den Mausoleen verschlug einem fast den Atem. Pracht und Schönheit der Mausoleen sind einfach umwerfend. Das Shodi-Mulk-oko-Mausoleum empfand ich als das schönste seiner Art. Es wurde vom damaligen Herrscher Timur zu Ehren seiner Schwester und deren Tochter Shodi Mulk oko im Jahre 1372 errichtet. Ständig kamen Besucher zu dieser beinahe heiligen Stätte. Unter ihnen befanden sich auch viele Familien.

Mir fielen die hübschen, schlanken und anmutig wirkenden Mädchen auf. Sie erinnerten mich an unsere Tochter Heidi. Die Frauenmode schien bunt und geblümt zu sein. Dagegen ist die Herrenmode eher triste. Zu einem schwarzgrauen Anzug tragen die Männer ein weißes Oberhemd ohne Krawatte. Natürlich darf die traditionelle Kopfbedeckung nicht fehlen. Sie besteht aus einem schwarzen, quadratischen Käppi mit weißer Seidenstickerei. Zum Thema Kopfbedeckung wäre zu sagen, dass die weibliche Jugend kaum Kopftücher und schon gar keine Burka trägt. Die älteren Frauen tragen Kopftücher hauptsächlich bei der Arbeit. Diese ähneln aber eher den Kopftüchern, wie sie auch in anderen Ländern typisch von Landfrauen getragen werden.

Man bot uns die Gelegenheit, das Amir-Timur-Mausoleum (auch als GurEmir-Mausoleum bekannt) zu besichtigen. Hier ruhen die Gebeine des großen asiatischen Herrschers und Eroberers Timur Leng mit seinen liebsten Familienangehörigen, zu denen auch sein Enkelsohn Ulugh-Begh zählt. In den mittelasiatischen Ländern genießt er noch heute eine große Verehrung. Nachts wirkt das mit starken Scheinwerfern angestrahlte Gebäude doppelt so prächtig.

Für den Nachmittag stand der Besuch des Mausoleums vom heiligen Daniel (Danijar) auf dem Programm. Er gilt als Prophet dreier Religionen: des Christentums, des Judentums sowie des Islams.

Abends ging es zu einem Abendessen mit einem Hauskonzert in einer einheimischen Familie.

Buchara

Unser nächster Reisetag sollte uns in eine weitere Stadt aus Tausendundeiner Nacht bringen. Es handelt sich um Buchara, bekannt als „die Edle mit dem Leuchtturm“. Außerdem war ein kleiner Abstecher nach Shahrisabz, der Geburtsstadt des großen, mittelalterlichen Herrschers Timur vorgesehen.

Kaum hatten wir die Außenbezirke Samarkands hinter uns gelassen, wurde im Bus die obligatorische Morgenandacht abgehalten. Meist begann die Andacht mit einem Kirchenlied aus unserem mitgeführten kleinen Gesangbuch mit dem Titel „In Gottes Namen fahren wir“. Es schloss sich eine Lesung aus dem Neuen Testament, dem Alten Testament und dem Koran an. Dabei ging es um jeweils übereinstimmende Passagen in den drei Glaubensbüchern, die Frieden und Gotteslob zum Inhalt hatten. Zum Abschluss wurde ein gemeinsames Gebet gesprochen.

Währenddessen befanden wir uns schon auf der Abzweigung nach Shahrisabz. Die Fahrt führte an den Ausläufern des Tienschan-Gebirges entlang. Dahinter liegt der Hindukusch mit den bekannten Frontstädten Kundus und Masare Scharif in Afghanistan. Bald hatten wir Shahrisabz, die „Grüne Stadt“, erreicht. Hier war nur ein kurzer Aufenthalt eingeplant: Besichtigung von Palastruinen (Weißer Palast), Amir-Timur-Denkmal, ein Mausoleum und Innenhof der Freitagsmoschee standen auf dem Programm.

Vor der Hasrati-Imam-Moschee versammelten sich bei unserer Ankunft gerade Männer zum Gebet. Einige von ihnen waren in Weiß gekleidet und trugen einen weißen Turban. Von unserer Reiseleiterin erfuhren wir, dass es sich bei ihnen um angesehene Männer handele, die das 60. Lebensjahr erreicht bzw. überschritten haben. Der Turban, der mindestens zwei Meter lang ist, diene beim Ableben dieser Personen gleichzeitig als Leichentuch.

Auf einem etwas abgelegenen Parkplatz wurde ein kleiner

Imbiss, bestehend aus Fladenbrot und Tee, eingenommen. Von unserem Bus aus konnten wir eine Arbeitskolonne bei Straßenbauarbeiten beobachten. Mindestens ein Dutzend Frauen waren zu sehen, wie sie sich mit Steinen und Sandsäcken abmühten. Männer waren nicht zu sehen. Wo waren die Männer? Man sagte uns, dass viele der Männer sich auf Baustellen nach Russland begeben, um sich dort ein besseres Einkommen zu sichern.

Bald darauf setzten wir die Fahrt nach Buchara fort. Unterwegs sahen wir viele neue einstöckige Siedlungshäuser, die in einem Einheitsstil errichtet waren. Zur Straßenseite waren zwar Fenster zu sehen, aber kein Hauseingang. Dieser befindet sich nach einer Tordurchfahrt auf der Rückseite der Häuser. Da kann man sagen: Andere Länder, andere Baustile bzw. Geschmäcker.

Entlang der Straße erstreckten sich größere und kleinere Baumwollfelder, die hin und wieder von Gemüsefeldern unterbrochen wurden. Ansonsten bot die Landschaft wenig Abwechslung. Die Straße wies eine Reihe von Schlaglöchern auf. Aber unser Bus, **made in China**, steckte auch die größten ihrer Art gelassen weg. Einzelne Straßenabschnitte ließen zuweilen zu wünschen übrig. Ganz plötzlich hörten die Schlaglöcher auf und vor uns hatte man das Bild einer typisch deutschen Autobahn vor Augen. Es war tatsächlich eine von einem deutschen Konsortium gebaute Autobahn. Vorher hatte ein südkoreanisches Straßenbauunternehmen sich an diesem schwierigen Streckenabschnitt zwischen Samarkand und Buchara die Zähne ausgebissen und das Handtuch geworfen. Danach übernahm dann ein deutsches Unternehmen das Projekt und führte es zu Ende. Seitdem wird dieser Streckenabschnitt als die „Deutsche Autobahn“ bezeichnet.

Die Sonne war schon im Begriff unterzugehen, als wir Buchara erreichten. Der Bus hielt in einer Fußgängerzone. Hier stieg unsere Reisegruppe aus. Wir nahmen unser Gepäck und begaben uns über eine ungepflasterte, staubige Gasse aus gestampftem Lehm zu unserem Hotel in der Altstadt. Das Hotel nannte sich „Lyabi House“ (Haus am Wasserbecken) und hatte den Charakter einer ehemaligen Karawanserei. In der Hotellobby fiel mir ein großes Foto mit unserem ehemaligen Bundesminister des Auswärtigen, Frank-Walter Steinmeier, aus dem Jahre 2006 auf. Er war darauf unter anderem in Begleitung des ehemaligen deutschen Botschafters in Taschkent zu sehen. Ich war neugierig und ließ mir gleich die damalige Suite von Frank-Walter Steinmeier zeigen. Sie war für mittelasiatische Verhältnisse nobel ausgestattet.

Ich erhielt ein ziemlich bescheidenes Zimmer im ersten Stock zugewiesen, das über eine hölzerne Außentreppe zu erreichen war. Unmittelbar nach dem Öffnen der Tür kam mir schon ein übler Kloakengeruch entgegen. Toilette und Badewanne besaßen keinen Siphon zur Geruchsunterbindung. Gerüche aus der Klärgrube konnten so ungehindert emporsteigen. Das war eine Zumutung! Ich konnte mir schwerlich vorstellen, dass man unserem damaligen Außenminister eine solche Unterkunft angeboten hätte. Auf der Stelle reklamierte ich und bekam dann ein recht schönes Zimmer zugewiesen.

Bei einem Rundgang durch Buchara am nächsten Morgen wurde man mit den gigantischen Festungsmauern, welche die Altstadt umgeben, konfrontiert. Kaum ein Feind wird je in der Lage gewesen sein, solche Mauern zu erstürmen. Von der Plattform der Zitadelle aus erhält man einen großartigen Blick auf die 2.500 Jahre alte Stadt. Buchara gehörte wie Samarkand und Chiwa zum Bund der „Städte des goldenen Ringes“. Bucharas Stadtbild beherrschendes Wahrzeichen ist das 46 Meter hohe Kalon-Minarett mit einem Sockeldurchmesser von neun Metern. Es gleicht, aus der Ferne gesehen, einem Leuchtturm. Daher hat Buchara den Beinamen „die Edle mit dem Leuchtturm“ erhalten. Das Kalon-Minarett gehört zum Komplex der gleichnamigen im Jahre 1514 für 10.000 Gläubige errichteten Kalon-Moschee.

Unser Tagesprogramm bestand, wie üblich, aus Besuchen

und Besichtigungen von Moscheen, Medresen und Mausoleen. Unter den Medresen sind besonders hervorzuheben die Mir-Arab-Medrese und die Ulugh-Begh-Medrese, wo seit über 400 Jahren Koranschüler unterrichtet werden.

Der für den Nachmittag vorgesehene Besuch einer Synagoge verzögerte sich aus Sicherheitsgründen. Mir kam zu Ohren, dass Juden hier nicht sehr beliebt seien. Den meisten Reiseteilnehmern war nicht bekannt, dass es in Buchara eine größere jüdische Gemeinde gibt. Ich glaubte, am Vormittag am Registan vor der großen Mauer einige merkwürdig aussehende, männliche Personen über den Platz habe eilen sehen. Sie trugen schwarze Mäntel und kreisrunde, schwarze Pelzmützen auf dem Kopf.

Am frühen Abend, es dunkelte schon, kam ein Jüngling an unser Hotel, um unsere Reisegruppe zur Synagoge zu führen. Allen Teilnehmern wurde empfohlen, Taschenlampen mitzunehmen, denn es ging durch staubige, dunkle Gassen, über kleine Plätze kreuz und quer durch ein altes Stadtviertel. Hin und wieder kreuzte ein Abflussrohr oder ein loser Draht den Pfad. Jetzt taten die Taschenlampen gute Dienste. Bald hatte man jegliche Orientierung verloren. Durch einen Hintereingang betrat unsere Gruppe einen schwach beleuchteten Flur. Über weitere Gänge gelangte man in eine versteckt liegende Synagoge. Bevor wir die Synagoge betraten, musste man ein kleines Käppi, eine sogenannte Kippa, aufsetzen. Wir konnten dann einer kleinen Andacht beiwohnen. In unserer Gruppe befanden sich zwei katholische Theologen. Sie unterhielten sich mit dem Rabbi auf Hebräisch. Das war eine kleine Sensation.

Nach dieser Odyssee war ein Abendessen mit Folklore, das heißt Tanz und Musik, im Hof der Medrese Nodir Devonbegi angesagt. Die aus typisch usbekisch-orientalischen Instrumenten produzierte Musik war für ein europäisches Ohr gewöhnungsbedürftig. Diese Aufführung habe ich mit der Kamera aufgenommen. So etwas bekommt man in Mittelasien nicht alle Tage geboten und in Europa schon gar nicht.

Der letzte Tag vor der Abreise aus Buchara war ausgefüllt mit der Besichtigung verschiedener Objekte islamischer Baukunst und einem Bummel durch den großen Basar und dem Besuch eines Modehauses mit der Vorführung nationaler Trachten.

Als besonderes Objekt islamischer Baukunst nimmt das aus dem 10. Jahrhundert stammende Ismail-Samoni-Mausoleum aus der Samaniden-Dynastie einen bedeutenden Platz ein. Es besteht aus einem würfelförmigen Gebäude mit einer Kuppel und gilt wegen seiner dekorativen Verarbeitung ausschließlich gebrannter Lehmziegel als ein Meisterwerk der Weltarchitektur. Ferner ist an Gebäuden islamischer Baukunst die Chor-Minor-Moschee mit vier Minaretten zu erwähnen. In Usbekistan weisen die Moscheen selten mehr als zwei Minarette auf. Insoweit ist die Moschee Chor Minor schon eine Besonderheit. In der Regel hat jede Moschee hierzulande nur ein Minarett.

Es war ein strahlender Vormittag, als unsere Gruppe die Grabstätte des Baha-ud-Din Naqshband Bukhari (Scheich und Patron von Buchara) mit deren großzügig angelegten Parkanlagen besichtigte. Etwas abseits ließ sich unsere Reisegruppe auf zwei großen Parkbänken nieder, um eine kleine Andacht abzuhalten. Zum Schluss sangen wir gemeinsam und mehrstimmig das Lied: „Großer Gott, wir loben Dich". Einheimische Besucher und Pilger blieben bei unserer Gruppe stehen und hörten staunend und andächtig zu. Dieser Moment zählte für mich zu den schönsten Erlebnissen der Reise.

An diesem Tag hatten wir auch Gelegenheit, den zu einem Museum umgestalteten Sommerpalast der Emire von Buchara zu besichtigen. Er war prunkvoll mit erlesenen Teppichen sowie mit viel Gold und Silber ausgestattet. Es bot sich auch eine einmalige Gelegenheit, die Haremsgemächer des Fürsten zu besichtigen.

Nun war es an der Zeit, wo man ein menschliches Regen verspürte und sich erleichtern mochte. Leider gab es nur ein kleines Toilettenhäuschen mit lediglich einer einzigen Toilette, die Männlein und Weiblein nur abwechselnd benutzen konnten. So war es kein Wunder, dass sich eine lange Benutzerschlange vor dem Häuschen bildete. Das war aber nicht das Schlimmste. Wie in vielen kleineren Ortschaften Usbekistans gab es hier keine Sitztoiletten, wie man sie in Deutschland gewohnt ist, sondern Toiletten französischer Bauart. Das heißt, man musste sein Geschäft im Stehen verrichten. Erschwerend kam hinzu, dass weder Toilettenpapier noch eine Spülung vorhanden waren. Zur Spülung benutzte man Wasser aus Mineralwasserflaschen.

Auf unseren Wegen begegneten uns immer wieder weibliche Reinigungskolonnen. Wenn sich unsere Reisegruppe durch Ortschaften bewegte, winkte man uns häufig freundlich zu. Jugendliche gingen neben uns her und versuchten, ihre englischen Sprachkenntnisse an den Mann zu bringen. Sie waren ganz stolz, wenn sie sich mit Europäern in einer anderen Sprache als Usbekisch oder Russisch verständigen konnten. In kleineren Ortschaften musterte man uns „Langnasen“ wie Besucher aus einer anderen Welt. Wir bartlosen Männer waren in deren Augen so etwas wie Exoten. Öfter ließen sich Schulmädchen mit uns „Bartlosen“ fotografieren.

An einem Nachmittag machte ich mit einigen Reisegefährten einen Bummel durch den riesigen Basar. Im Vergleich zu anderen Basaren, die ich bisher gesehen hatte, machte dieser Basar einen ordentlichen und gepflegten Eindruck. Das Besondere an diesem Basar waren die breiten, mit Kuppeln überdachten Basarstraßen. Es herrschte auch kein marktschreierischer Lärm, eher eine dezente Ruhe. Man wurde auch nicht von Verkäufern umlagert. Man konnte sich in Ruhe alles ansehen und aussuchen. Das gefiel mir. An einem Stand mit Seidenschals habe ich dann auch für Judy zwei schöne Seidenschals gekauft. Sie hatten kaum Gewicht und nahmen im Reisegepäck keinen Platz weg. Übrigens ist Buchara bekannt für seine Seidenproduktion. Überall sieht man Maulbeerbäume. Deren Blätter sind die Nahrung für die Seidenraupen. Deren Kokons liefern wiederum die Fäden für die Seide.

Bei einem sich anschließenden Altstadtbummel stießen wir auf das Denkmal eines auf einem Esel sitzenden, bekannten orientalischen Spaßmachers. Sein Name ist Hodscha **Nasreddin**. Man kann ihn mit unserem deutschen Till Eulenspiegel vergleichen. Der Abend war ausgefüllt mit einem Essen bei einer einheimischen Familie, inklusive Hausmusik. Es traten ein Tenor und eine Sopranistin auf. Begleitet wurde das Paar von einem Stehgeiger. Damit fand der Abend einen schönen Abschluss.

Oase Chiwa

Am nächsten Tag ging es weiter zur Oase Chiwa. Das bedeutete eine achtstündige Busfahrt durch die Wüste Kizilkum. Wir waren gespannt. Nur wenige der Reisenden hatten bisher Bekanntschaft mit einer Wüste gemacht. Wir verließen Buchara morgens gegen 07:30 Uhr. Das Thermometer zeigte angenehme 25 Grad Celsius an. Von den vor uns liegenden 400 Kilometern war die Fahrbahn auf circa 200 Kilometer Länge mit einer teilweise vom Sande verwehten Asphaltdecke versehen. Danach gab es nur noch eine sandige Piste.

Nach zweieinhalb Stunden wurde eine technische Rast, sprich Pinkelpause, eingelegt. Da unser Reisebus nur mit einer Toilette, die lediglich im Notfall benutzt werden durfte, ausgestattet war, mussten die Geschäfte im Freien verrichtet werden. Männlein konnten sich rechts und Weiblein links der Fahrbahn im Gelände erleichtern. Dabei war auf versteckte Schlangen und Skorpione zu achten. Also sollte man nicht zu viel nacktes Fleisch zeigen. Dieses Prozedere wiederholte sich einige Male während der Fahrt.

Fast fünf Stunden waren vergangen, als unser Bus eine Mini-Oase erreichte. Sie bestand aus einer Tankstelle, ein paar erdgeschossigen Häusern und einem Imbissladen mit einer offenen und nur mit einem Blechdach versehenen Veranda. Darunter hatte man einen schmalen, langen Tisch mit Plastikstühlen aufgebaut. Hier nahmen wir unser Picknick-Mittagessen ein. Es gab Schaschlik mit Kartoffeln und Fladenbrot. An Getränken wurden Tee und Wodka gereicht. Vor dem Essen hatte sich ein jeder von uns die Hände mit einem Desinfektionsmittel einzureiben. Unsere Reiseführerin achtete peinlichst auf die Einhaltung dieser Gesundheit schützenden Maßnahme. Die Toilette erinnerte wieder an französische Einrichtungen. Alle Verrichtungen mussten im Stehen erfolgen.

Die Reiseleitung drängte zum Aufbruch. Man wollte möglichst noch vor Einbruch der Dunkelheit in Chiwa sein. Sonst sei es schwierig für den Fahrer, den Verlauf der Piste zu erkennen. Die Sonne stand jetzt fast senkrecht am Himmel. Die Hitze machte sich unangenehm bemerkbar. Meiner Schätzung nach müssen es über 30 Grad Celsius gewesen sein. Die Wüste hatte mittlerweile eine andere Färbung angenommen. Von einem anfangs grünlichen Grau zeigte sie sich nun in einem rötlichen Farbton, von dem sie auch ihren Namen „Kizilkum" (roter Sand) erhalten hat. Die Wüste hatte mich zur Abfassung eines kleinen Gedichtes inspiriert, das wie folgt lautet:

In der Wüste Kizilkum
läuft man sich die Beine krumm.
Kommt eine Karawane dann vorbei,
sie nimmt Dich mit zur nächsten Karawanserei.
Dort waltet eine gute Fee
und kredenzt Dir einen grünen Tee.
Der hilft Dir wieder auf die Beine;
alles Weitere ergibt sich dann von ganz alleine.

Am späten Nachmittag nahm die Kizilkum einen hellbraunen Farbton an. Unsere Reiseroute verlief zeitweilig parallel zum geschichtsträchtigen Fluss Amudarja, dem Oxus aus der

Zeit der Perser und der Griechen im Altertum. Sowohl Kyros der Große als auch Alexander der Große hatten auf ihren Eroberungszügen schon einmal den Oxus überquert. Auch unser Reisebus überquerte nun bei Beruniy den ehemaligen Oxus. Auf der anderen Seite des Flusses erstreckte sich die Wüste Karakum. Uns Reisenden fiel übrigens die starke Versandung des Flusses auf. Die Fahrbahn war auf einmal nicht mehr holperig, sondern wieder glatt und asphaltiert. Grüne Landschaften, blühende Baumwollfelder und Melonenverkäufer säumten schon seit geraumer Zeit die Straße. Aus der Ferne grüßten die überdimensionale Stadtmauer und das 57 Meter hohe Islam-Khodja-Minarett von Chiwa.

Bald erreichte unser Bus das für unsere Reisegruppe vorgesehene Hotel ASIA CHIWA. Es war ein sehr schönes Hotel mit einem Park und lauter kleinen Springbrunnen. Einige Unentwegte ließen es sich nicht nehmen, trotz gewisser Anzeichen von Erschöpfung einen kleinen Gang in die Altstadt zu machen. Die meisten Teilnehmer zogen sich jedoch nach dem Abendessen auf ihre Zimmer zurück.

Am nächsten Morgen konnte unsere Gruppe gestärkt und ausgeruht die Altstadt von Chiwa erkunden. Sie hat das typische Aussehen einer Wüstenstadt inmitten einer Oase. Mit seinen über 50 Baudenkmälern wurde Chiwa als Weltkulturerbe unter den Schutz der UNESCO gestellt. Fast 1.500 Jahre orientalischer Kultur lassen sich nicht verleugnen. Man begegnet ihr überall in der Altstadt, seien es versteckte, verwinkelte Gassen oder großartige, sakrale und profane Gebäude, wie Moscheen, Minarette, Medresen oder Paläste. In diesem Zusammenhang ist besonders die Islam-Khodja-Medrese mit dem Islam-Khodja-Minarett hervorzuheben. Mit einer Höhe von 57 Metern ist es ein weithin sichtbares Wahrzeichen Chiwas. In 45 Meter Höhe befindet sich eine Aussichtsplattform. Das Fundament hat einen Durchmesser von sage und schreibe neuneinhalb Metern. In Chiwa gibt es außerdem ein weiteres Minarett zu bestaunen. Dabei handelt es sich um das wuchtige, aber unvollendete Kalta-Minor-Minarett mit einem Sockeldurchmesser von 14,5 Metern und einer Höhe von nur 26 Metern. Es gleicht mehr oder weniger einem Kegelstumpf. Das Besondere daran ist die dekorativ mit überwiegend blauen und weißen Kacheln versehene Fassade. Wie breite Gürtel, nach Farben getrennt, umfassen die Kacheln das Minarett. Das Kalta-Minor-Minarett sollte ursprünglich mit einer Höhe von 80 Metern das höchste Minarett in Mittelasien werden. Dazu kam es aber nicht. Unvermittelt stellt sich einem die Frage, warum das Bauwerk nicht vollendet wurde. Als Grund wird angegeben, dass der Bauherr nicht in der Lage war, das Minarett in der von seinem Fürsten, einem Khan, geforderten Frist zu vollenden. Da dem Bauherrn die Todesstrafe drohte, floh dieser außer Landes.

Beim Bummel durch die Altstadt hatte es mir ganz besonders die Zitadelle angetan, die in der Festungsmauer integriert ist. Hohe Mauern trennen die Festung von der Altstadt. Ein schmaler Eingang führt zur Zitadelle. Den steilen und ein wenig riskanten Aufstieg über die ungesicherten Treppen mit unebenen und unregelmäßig hohen Stufen zur Zitadelle nahm ich gern in Kauf. Die Zitadelle besitzt einen Beobachtungsturm, von dem aus man einen einzigartigen Ausblick auf den Verlauf der Festungsmauer sowie die Altstadt und die Neustadt von Chiwa hat. Sogar ein Freizeitpark mit einem Riesenrad ließ sich in der Neustadt ausmachen. Die Altstadt besteht aus einem Meer von einstöckigen, graubraunen, aus Lehmziegeln errichteten Häusern mit Flachdächern. Sie sind an drei Seiten von Mauern umgeben und besitzen einen kleinen Innenhof.

In der kurzen zur Verfügung stehenden Zeit gab es fast zu viel zu sehen, sodass man Gefahr lief, zum Schluss alles durcheinanderzubringen. Ich erinnere mich aber gut an den Besuch der Muhammed-Rahim-Khan-Medrese. Muhammed-Rahim-Khan II. war ein gebildeter Herrscher und Förderer von Kunst und Wissenschaft. Außerhalb der Medrese stößt man auf das

Denkmal eines arabischen Gelehrten, eines Mathematikers. Es soll der Erfinder der Algebra (al-dschabr) gewesen sein.

Des Weiteren besichtigte ich mit unserer Reisegruppe ein interessantes Mausoleum, und zwar das Pahlawan-Mahmud-Mausoleum. Pahlawan Mahmud war ein berühmter Einwohner Chiwas. Von Beruf war er Kürschner. Außerdem hatte er sich als Dichter, Philosoph, Ringer und Krieger, manchmal auch als Wunderheiler betätigt. Man nannte ihn „Heldenvater". Er lebte von 1247–1326. Über seiner Grabstätte wurde später das Mausoleum errichtet.

Im Scheich-Bobo-Museum habe ich zum ersten Mal in meinem Leben Textilgeld gesehen. Es sah aus wie kleine, wunderschön gewebte Teppiche von der Größe einer halben Postkarte.

Die vielen Besichtigungen machten müde. Wir hinkten unserem Zeitplan hinterher. Daher fiel das Mittagessen aus. Es wurde durch einen Stapel Fladenbrot, der an die Gruppe verteilt wurde, ersetzt. So ist nun einmal das Leben in der Fremde! Hart, aber fair!

Nun stand noch der Tasch-Hauli-Palast („der steinerne Hof") des Khans Alla Kuli (1825–1845) auf dem Programm. Der prunkvolle Palast bestand ursprünglich aus drei Höfen: dem Gerichtshof, einem Festsaal und einem Harem. Heutzutage ist nur noch der Harem (ohne lebenden Inhalt) zu besichtigen.

Das letzte zu besichtigendem Objekt war die Freitagsmoschee. Sie ist als die „Hölzerne Moschee" bekannt und ruht auf 212 hölzernen, geschnitzten Säulen.

Vollgepumpt mit Daten von den vielen Moscheen, Minaretten und Medresen trat unsere Gruppe den Heimweg zum Hotel an. Unterwegs wurden wir von jungen Schülerinnen eines Gymnasiums auf Deutsch angesprochen, nachdem sie herausbekommen hatten, dass wir aus Deutschland kamen. Sie wollten uns Literatur und Reiseführer über Usbekistan und speziell über Chiwa verkaufen. Die Mädchen taten uns irgendwie leid.

Sie hatten sich extra so hübsch gemacht für die Touristen. Da konnte kaum einer widerstehen. Sie erzählten uns teilweise auf Englisch und auch auf Deutsch, dass in den Gymnasien als erste Fremdsprache Englisch und als zweite Fremdsprache Deutsch unterrichtet werde. Ferner machten sie uns darauf aufmerksam, dass man dazu übergegangen sei, das lateinische Alphabet einzuführen. Die gleiche Feststellung hatten wir auch gemacht. Das Arabische sah man so gut wie gar nicht und das Kyrillische machte immer mehr dem Lateinischen Platz.

Der Höhepunkt des Tages war ein Abendessen im ehemaligen Sommerpalast des letzten Emirs von Choresm. Es wurde ein schmackhaftes Reisgericht mit Wein und Wodka serviert. Langsam wich die Anspannung des Tages, die Gespräche wurden lockerer. Man erzählte Anekdoten aus dem Leben. Die Stimmung stieg und es wurden immer öfter die leeren Gläser nachgefüllt.

Außer unserer Reisegruppe befand sich eine australische Touristengruppe aus Sydney im Festsaal. Bei den Australiern war die Stimmung auch schon gehoben. Man feierte den Geburtstag einer Reiseteilnehmerin. Sie wurde 40 Jahre alt (oder jung?). Dies erfuhr ich von Australiern am Nachbartisch.

Als die Stimmung am ausgelassensten war, rief unser Reiseleiter zum Aufbruch auf. Beim Hinausgehen gratulierte ich der Jubilarin und gab ihr einen mehr oder weniger angedeuteten Kuss auf die Wange, worauf sie leicht errötete und die Australier im Saal zu lachen und zu applaudieren begannen. Die Männer unserer Reisegruppe taten es mir nach und gratulierten der Dame mit einem Kuss auf die Wange, in der Annahme, dass es in Australien so Brauch sei.

Am nächsten Morgen war man noch etwas angeschlagen vom Abend zuvor. Im Speisesaal bemerkte ich, dass sich wohl die halbe Welt Chiwa als Touristenziel ausgesucht haben musste. Im Speisesaal herrschte ein furchtbares Gedränge. Es tummelten sich Reisende aus aller Herren Länder. Zuerst versperrte eine indische Gruppe den Weg zum Speisesaal, dann hörte ich spanische und französische Laute. Mit Mühe erwischte ich einen Tisch, der gerade frei geworden war. Kaum hatte ich mich daran niedergelassen, pirschten sich zwei Damen im mittleren Alter an den von mir in Beschlag genommenen Tisch heran und fragten höflich, ob noch zwei Plätze frei seien. Als ich dies bejahte, nahm eine der Damen neben mir und die andere mir gegenüber Platz.

Wir kamen miteinander ins Gespräch. Wir unterhielten uns auf Englisch. Dabei stellte sich heraus, dass die Damen aus Tel Aviv-Jaffa kamen und in Usbekistan eine Woche Urlaub machten. Sie waren Lehrerinnen an einem Tel Aviver Gymnasium. Ich stellte mich als Tourist, aus dem Kölner Raum stammend, vor. Sie schienen Vertrauen zu mir zu haben. Sie begaben sich gemeinsam ans Frühstücksbüfett und ließen ihre Handtaschen auf den Stühlen liegen. Als sie zurückkamen, wünschte ich ihnen einen guten Appetit. Kurz darauf ging ich ein zweites Mal zum Büfett, um mir noch einen Kaffee zu holen. Vorher bat ich die Damen, meinen Platz freizuhalten. Das haben sie auch getan und diesen mit Erfolg verteidigt.

Nach dem Frühstück hieß es aus dem Hotel auschecken. Anschließend ging es mit dem Bus zum circa 30 Kilometer entfernten Flughafen nach Urgentsch (Urganch). Von hier aus sollte nicht etwa die Heimreise nach Deutschland angetreten werden. Nein, das Ziel war Taschkent. Dort mussten noch die Besichtigungen, die wir an unserem verspäteten Ankunftstag vor über einer Woche versäumt hatten, nachgeholt werden. So bestieg unsere Reisegruppe am 07.10.2014 um 21:10 Uhr einen Airbus A320 der Usbekistan Airways, der uns nach 55 Minuten Flugzeit nach Taschkent beförderte.

Taschkent

Es war nach 22:00 Uhr, als wir unser Hotel, das City Palace Hotel in Taschkent, beziehen konnten. Der 08.10.2014 bot am nächsten Tag Gelegenheit, die Hauptstadt Usbekistans näher in Augenschein zu nehmen.

Taschkent macht auf den Besucher einen modernen Eindruck. Das war nicht immer so. Erst nach dem großen Erdbeben in Jahr 1966 wurde die Stadt, die inzwischen 2,4 Millionen Einwohner zählt, nach modernen Gesichtspunkten wiederaufgebaut. Sie zeigt nur wenig orientalische Züge. Dem Besucher fällt gleich das in die Zukunft weisende Wahrzeichen der Stadt auf: Die Rede ist von dem Fernsehturm, der einer auf vier gespreizten Beinen stehenden Rakete ähnelt.

Der Storch ist eines der nationalen Symbole Usbekistans. So ist zum Beispiel ein Storchensymbol in Form von drei schwebenden Störchen über dem Eingangstor zum Unabhängigkeitsplatz zu sehen.

Mir ist aufgefallen, dass die Jurte ebenfalls ein beliebtes Symbol ist, welches auf die nomadische Vergangenheit dieses Volkes hinweist. So findet man in Taschkent häufig größere Gebäude, wie zum Beispiel Kaufhäuser und Basare, in Form einer Jurte. Sogar der Nationalzirkus gleicht in seiner Architektur einer überdimensional erbauten Jurte.

Der heutige Tag war wieder ausgefüllt mit Besichtigungen. Museen, Medresen, Mausoleen und Moscheen standen auf dem Programm. Ich glaube, so viel sakrale Gebäude, wie sie in Usbekistan zu finden sind, hat nicht einmal die Türkei aufzuweisen.

Von den sakralen Sehenswürdigkeiten in Taschkent ist hervorzuheben der Hasrati-Imam-Komplex mit der großen Freitagsmoschee. Sie besitzt zwei hohe, schlanke Minarette, die eher an Fabrikschornsteine des Industriezeitalters erinnern. Zu dem Hasrati-Imam-Komplex zählen außerdem die Barak-Khan-Medrese und ein Museum. In dem Museum befindet sich unter dickem Panzerglas die erste Ausgabe des Korans in kufischer Schrift. Der aufgeklappte Koran hat eine Größe von schätzungsweise 90 × 40 Zentimetern.

Eine interessante und bekannte Medrese ist auch die Kukeldasch-Medrese. Die ehemalige Koranschule dient heutzutage als Fachschule. In den Räumen des Erdgeschosses befinden sich die Unterrichtsräume und im ersten Stock sind die Schlafräume der Studenten. Die Studenten sind ziemlich uniform gekleidet. Jacken und Hosen variieren zwischen Hell- und Dunkelgrau. Die obligatorische Kopfbedeckung besteht aus dem für Usbekistan typischen quadratischen, mit weißer Seide bestickten Käppi.

Von den Mausoleen in Taschkent ist das Kaffal-Schaschi-Mausoleum hervorzuheben. Es wurde zu Ehren des ersten islamischen Missionars und Gelehrten Abu Bakr Muhammad al Kaffal errichtet.

Taschkent hat ein sehr schönes Museum für Kunstgewerbe und angewandte Kunst, das Amaliy-San'at-Museum. Teppiche, Schmuck, Keramik, Geschirr, Waffen und Kleidung aus mehreren Jahrhunderten sind dort zu bewundern.

Am besten haben mir bei unserem Bummel die Markthallen von Taschkent gefallen. Sie weisen eine moderne, zweckmäßige Architektur auf. Sie sind lichtdurchflutet und alles ist sauber, übersichtlich und gut sortiert. Die Fülle an Obst, Gemüse, Blumen und Spezereien ist einfach überwältigend. Äpfel, Orangen und Melonen waren auf den Ladentischen künstlerisch (pyramidenförmig) aufgebaut. Alles war eine Augenweide. Sehr angenehm empfand ich die Tatsache, dass die Verkäufer nicht, wie in anderen Basaren Nordafrikas oder der Türkei, aufdringlich waren. Das Gegenteil war der Fall. Sie ließen sich hinter ihren Waren gerne fotografieren. Da war zum Beispiel eine Verkäuferin, die körbeweise Hühner-, Wachtel- und Enteneier zum Kauf anbot.

Nach einem Besuch in der evangelisch-lutherischen Kirchengemeinde, die sich finanziell gerade so über Wasser halten konnte, machte sich unsere Reisegruppe auf den Heimweg ins Hotel.

Am Morgen des 09.10.2014 bestiegen wir um 09:00 Uhr in Taschkent eine Boeing B767 der Usbekistan Airways, die uns zurück nach Deutschland bringen sollte. Nach Überwindung von drei Zeitzonen landete die Maschine nach einem über sechsstündigen Flug um 09:30 Uhr in Frankfurt. Damit war eine hochinteressante und erlebnisreiche Reise zu Ende gegangen.

Eine Reise in den Mittleren Osten

Für den Herbst 2015 hatte ich mich zur faszinierendsten Reise meines Lebens entschlossen. Sie sollte die Krönung meiner geschichtlichen und archäologischen Studien darstellen. Gemeint ist das alte Persien, der heutige Iran. Diese Reise hatte ich wieder bei dem Reiseanbieter „Biblische Reisen" in Stuttgart gebucht. Bei diesem Unternehmen habe ich noch nie eine Enttäuschung erlebt. Ich reiste wieder ohne meine Frau, da es für sie als amerikanische Staatsangehörige nicht ohne Risiko war, den Iran, der von den Amerikanern mit Sanktionen belegt war, zu bereisen.

Am 16. September 2015 bestieg ich abends um 18:20 Uhr in Frankfurt/Main einen Airbus A330 der Lufthansa und flog mit einer mehrköpfigen Reisegruppe über Istanbul nach Täbris. Im Transitraum des Flughafens von Istanbul stießen unser Reiseleiter und eine weitere Reisegruppe aus Wien zu uns.

Im Grenzgebiet zu Armenien, Aserbaidschan und der Türkei

Von Täbris aus nahm die Reise ihren Anfang. Sie fand in einem klimatisierten Volvo-Reisebus statt. Die Bevölkerung war ausgesprochen freundlich und als sich herausstellte, dass wir aus Deutschland kamen, überschlug man sich förmlich mit Willkommensgesten und begrüßte uns überall mit den Worten: „Welcome to Iran." Ich möchte in diesem Bericht nicht alle Stationen der Reise aufführen, sondern nur die aus meiner Sicht interessanten Stätten erwähnen.

Von Täbris aus unternahmen wir zunächst einen Ausflug nach Jolfa, ins iranisch-armenische Grenzgebiet. Auch die Grenzen zu Aserbaidschan und der Türkei waren von dem nördlichen Zipfel Irans nicht weit entfernt. Unweit von Jolfa besuchten wir die armenische Sankt-Stephanus-Kirche, die von einer Festungsmauer umgeben ist. Die Sankt-Stephanus-Kirche zählt seit 2008 zum Weltkulturerbe. Gerade hier und im iranisch-türkischen Grenzgebiet sind viele armenische Christen anzutreffen, die vor der Verfolgung durch türkische Truppen während des Ersten Weltkrieges in den Iran geflohen sind und dort freundlich aufgenommen wurden.

Entgegen vieler bewusst gestreuter westlicher Fehlinformationen haben wir den Iran als ein tolerantes Land kennengelernt. Auf unserer Reise betraten wir Kirchen, Synagogen, Moscheen und auch ein zoroastrisches Heiligtum mit der ewigen Flamme. Dessen Gründer war kein anderer als der in Europa bekannte Religionsstifter Zarathustra. Er führte in Persien im 8. Jahrhundert v. Chr. einen monotheistischen Glauben ein. Insofern ist der schiitische Zweig des Islams im Gegensatz zum sunnitischen Zweig des Islams wesentlich toleranter. Bereits im 6. Jahrhundert v. Chr. trafen die beiden großen monotheistischen Religionen des Zoroastrismus und des Judentums in Babylon aufeinander. Es war kein Geringerer als der persische König Kyros II. (der Große), der die Juden aus der „babylonischen Gefangenschaft" befreite und sie wieder in ihre alte Heimat nach Judäa ausreisen ließ. Er und seine Nachfolger unterstützten sogar den Wiederaufbau in ihrem Land. Kyros betrachtete die beiden Religionen als miteinander verwandte Religionen. In seinem Hofstaat beschäftigte er unter anderem einen jüdischen Mundschenk und nahm eine Jüdin namens Esther zur Ehefrau.

Auf der Fahrt über Land sah man häufig Familien, die sich in kleinen Parks entlang der Straße zu einem Picknick niedergelassen hatten.

Auf dem Weg nach Hamadan

Das Landschaftsbild war unterschiedlich. Liebliche, grüne Flecken wechselten sich mit kargen Landschaften ab. Gebirge waren meist schroff und wenig bewaldet. Rotsandstein herrscht vor. In Soltaniye, zwischen Täbris und Qazvin gelegen, bekamen wir ein Ungetüm von Mausoleum zu sehen. Es handelt sich dabei um das im Jahre 1313 auf einer Hochebene errichtete Grabmal des Sultans Mohammad Khodābandeh (Öldscheitü).

In Qazvin betraten wir erstmals eine schiitische Moschee. Es ist die Imamzade-Hossein-Moschee. Sie besticht durch eine imposante, breite und hohe Fassade, die sich vor dem Kuppelbau der Moschee erhebt. Das Prozedere beim Betreten des Gebäudes war das gleiche wie bei sunnitischen Moscheen: „Schuhe ausziehen", lautet auch hier die Ansage! Das Innere unterscheidet sich kaum von Moscheen in anderen Ländern. Das einzig Auffällige war ein riesiger Kristallleuchter, der von der Kuppel herunterhing und von vielen, kleinen, grünen Lichtern umgeben war. Die Moschee war auf dem Außengelände von Medresen umgeben. In den Außenwänden der Medresen waren in einem Meter Höhe mannshohe, tiefe Nischen eingelassen. Hierin machten es sich manche Familien auf mitgebrachten Decken bequem und hielten ein Picknick ab. Vor den Nischen waren die Schuhe abgestellt. Beim Vorüberschreiten bekamen ein anderer Reiseteilnehmer und ich von Familienmitgliedern aus einer Schüssel frisches Obst angeboten. Wir nahmen es dankend an. Eine Ablehnung des freundlichen Angebotes hätte vielleicht als Beleidigung gegolten. So biss ich, entgegen aller Warnungen, herzhaft in den geschenkten Apfel. Er schmeckte großartig und war sehr erfrischend und zur allgemeinen Verwunderung gab es keine unangenehmen Nebenwirkungen.

Weiter ging die Reise in Richtung Hamadan, dem alten Ekbatana und Hauptstadt des alten Mederreiches. Nach der Eroberung des Mederreiches durch die Perser im 6. Jahrhundert

v. Chr. erkoren diese Ekbatana wegen dessen Höhenlage und des guten Klimas zu ihrer Sommerresidenz.

Unterwegs sahen wir Melonenfelder und etwas abseits der Schnellstraße immer wieder Melonen-Waschanlagen. Es war interessant, den Wäschern zuzuschauen. Die an sich recht einfachen Anlagen wurden von jungen Burschen betrieben. Als unser Bus einmal bei einer solchen Anlage hielt, bot man uns gleich Melonenscheiben zum Probieren an. Kein Reisender wurde zum Kauf der erfrischenden Früchte gedrängt. Man wurde auch nicht im Geringsten behelligt. Gerne ließ man sich mit uns, den Leuten aus dem fernen Germany, fotografieren.

Hamadan

Darius-Relief aus dem Jahre 520 v. Chr.

In Hamadan hatten wir die einmalige Gelegenheit, das Mausoleum eines berühmten Arztes, Mathematikers und Philosophen des Mittelalters zu betreten. Sein Name ist Abū Alī Sīnā (in Europa unter dem Namen Avicenna bekannt). Abū Alī Sīnā war ein Universalgelehrter und verbrachte die meiste Zeit seines Lebens in Hamadan. Er starb dort im Jahre 1037 n. Chr. Über ihn wurde sogar ein Film mit dem Titel „Der Medicus“ gedreht. Der hervorragende Schauspieler Ben Kingsley war darin in der Rolle des Abū Alī Sīnā zu sehen. Im angrenzenden kleinen Museum waren handschriftliche, medizinische Bücher und auch medizinisches Besteck ausgestellt.

Hamadan hatte noch einen weiteren großen Sohn innerhalb seiner Mauern, den bedeutendsten iranischen Dichter des 12. Jahrhunderts: Baba Taher. Auch dessen Grabmal zu besichtigen, hatte unsere Reisegruppe die Ehre. Doch damit nicht genug. Hamadan hatte noch mehr zu bieten: das Grabmal von Esther und Mordechai in der jüdischen Gemeinde von Hamadan. Beide gehörten, wie bereits schon erwähnt, zum Hofe des persischen Königs Kyros des Großen.

Bevor ich es vergesse, noch einige Daten zu Hamadan: Hamadan ist die Hauptstadt der Provinz Hamadan und zählt 480.000 Einwohner. Die Stadt selbst liegt am Fuße des Alvand-Gebirges auf einer Höhe von 1.820 Metern.

Bisotun

Am Morgen des sechsten Reisetages brachen wir auf nach Bisotun. Bisotun liegt auf halbem Wege zwischen Hamadan und Kermānschāh. Ich konnte es kaum erwarten, vor dem in Felsen gemeißelten Siegesrelief des persischen Königs Darius des Großen aus dem Geschlecht der Achämeniden zu stehen. Schon aus der Ferne sah man einen circa 2.600 Meter hohen Felsen aus der Ebene ragen. Es dauerte nicht mehr lange und ich stand vor dem Darius-Relief. Da jubelte mein Herz als Althistoriker. Für mich und auch die anderen Reiseteilnehmern war dies ein erhebender Augenblick, von dem ich vor Jahren nicht einmal zu träumen gewagt hatte. Im Jahre 520 v. Chr. ließ Darius I. (der Große) in 60 Meter Höhe ein überdimensionales Siegesrelief in eine Felswand meißeln. Es zeigt den König als Sieger über seine Feinde mit einer Reihe Gefangener. Das Besondere an diesem Relief sind drei Siegesinschriften in elamischer, neubabylonischer und altpersischer Keilschrift. Die Entzifferung der Texte war gar nicht einfach. Wie es dazu kam, habe ich in meinem Buch über „Mesopotamien" geschildert. Den ersten Schritt dazu machte der deutsche Gelehrte Georg Friedrich **Grotefend** im Jahre 1802/03. Aber der wahre Ruhm zur Entschlüsselung der Inschriften gebührt dem englischen Kolonialoffizier, Orientalisten und Diplomaten Henry Creswicke **Rawlinson**. Unter Lebensgefahr, in circa 60 Meter Höhe an einem Flaschenzug hängend, fertigte Rawlinson Kopien der umfangreichen Texte an, die er unter Zuhilfenahme der Grotefend'schen Pionierarbeit ins Englische übersetzte. Am Schluss der Inschriften ließ Darius Folgendes sagen:

„Es verkündet König Darius: Du, der Du in künftigen Tagen diese Inschrift lesen wirst, die ich in den Fels meißeln ließ, diese Menschenbilder hier – tilge und zerstöre sie nicht! Sorge, solange Du lebst, sie unversehrt zu erhalten."

Keine Frage, ich machte sehr viele Fotos von diesem einmaligen Weltkulturerbe.

Das war aber längst nicht alles, was der Iran an kulturhistorischen Stätten zu bieten hatte. Da gibt es noch Tāqe Bostān, Susa, Tschogha Zanbil, Persepolis, Naqsche Rostam und Pasargadae. Aber eins nach dem anderen: Von Bisotun ging es zunächst an einer 200 Meter langen und 30 Meter hohen, geglätteten Felswand entlang, die einst für eine Reliefarbeit vorgesehen war. Auf dem Wege nach Tāqe Bostān lag rechts von der

Straße eine völlig intakte, mit einer Festungsmauer umgebene Karawanserei.

Die Grotten von Tāqe Bostān

Bald waren wir bei den Grotten von Tāqe Bostān. Sie sind bekannt wegen der gut erhaltenen Reliefs, die, von Wind und Wetter geschützt, in die Wände der Grotten eingearbeitet sind. Investitur- und Kampfszenen aus der Sassanidenzeit (3.–7. Jh. n. Chr.) sind hier zu bewundern.

Susa (Shush)

Am siebten Tag ging die Reise weiter nach Susa (Shush), der Hauptstadt der alten Elamiter, die später zur Winterresidenz der Achämeniden wurde. Unweit von Susa ist man beeindruckt vom größten bisher gefundenen Stufenturm (Zikkurat). Der fünfstufige Turm gehörte einst zur größten Tempelanlage in Mesopotamien und ist bekannt unter dem Namen „Choga Zanbil“. Die Tempelanlage wurde zwischen 1340 und 1250 v. Chr. unter dem elamischen König Untaš-Napiriša aus luftgetrockneten Lehmziegeln errichtet. Auf einem hohen Plateau in der Nähe von Susa konnte man anhand von noch vorhandenen Grundmauern und Säulenstümpfen die enorme Größe der Paläste mit Empfangshalle (Apadana) von Darius I. und Artaxerxes II. erahnen. Ich erinnere mich noch an die brütende Hitze auf den Grabungsfeldern bei Susa.

Von Susa aus ging die Fahrt weiter in Richtung Süden zum Persischen Golf. Man befand sich nur wenige Kilometer von der irakischen Grenze entfernt. Nicht nur die Hitze, auch die Luftfeuchtigkeit nahm ständig zu. Die beginnende Dämmerung brachte wenig Erleichterung. Schon bald war es dunkel. In der

Ferne sah man Flammensäulen von Ölfeldern stammend, wo Methangase abgefackelt wurden. Ich vermute, dass aus Sicherheitsgründen die Fahrt durch die Ölfelder in die Nacht verlegt wurde, damit man die Bohranlagen nicht fotografieren konnte.

Wir übernachteten circa 80 Kilometer von der Golfküste entfernt in Ahwas. Die drückende Hitze war kaum auszuhalten. Alle Reiseteilnehmer waren froh, als sie am nächsten Morgen zur Weiterfahrt in den klimatisierten Bus steigen konnten.

Auf dem Wege nach Schiras

Das nächste Reiseziel war die 500 Kilometer entfernte Stadt Schiras; im Hinblick auf die Entfernung eine der längsten Etappen. Ich war überrascht über das gut ausgebaute Straßennetz im Iran. Schnellstraßen und Autobahnen waren überall vierspurig, manchmal auch acht- bis zehnspurig ausgebaut. Der Überlandverkehr wurde von Lastkraftwagen der Marken Volvo und Mercedes dominiert. Im Gegensatz zu den iranischen Innenstädten herrschte auf den Fernstraßen relativ wenig Pkw-Verkehr. Auf den langen Strecken machten wir zwischendurch Picknick am Straßenrand. Heißen Tee und Fladenbrot gab es im Bus. In kleineren Ortschaften wurde eine technische Rast, sprich Pinkelpause, eingelegt. Hier konnte man auch mal eine Erfrischung, die zumeist aus Mineralwasser bestand (Alkohol war tabu), zu sich nehmen und dabei die Umgebung studieren.

Die Gegend wurde allmählich bergiger. Auf dem Wege nach Schiras wurde noch ein Zwischenstopp bei der ehemaligen sassanidischen Königsstadt Bishapur aus dem Jahre 260 n. Chr. eingelegt. Zu sehen waren Palastruinen, eine Festungsmauer und eine zerstörte Tempelanlage. Bishapur war eine Oase inmitten einer felsigen, unwirtlichen Landschaft. Sehr lange konnten wir uns hier nicht aufhalten, weil wir noch eine ansehnliche Strecke vor uns hatten. Bevor wir Schiras erreichten, passierten wir eine extrem enge Schlucht, ich glaube, man nannte sie „Alexanderschlucht“. Vermutlich war Alexander der Große auf einem seiner Feldzüge hier durchgekommen.

Schiras

Als unser Bus Schiras erreichte, war es bereits dunkel. Nach dem Abendessen fielen die meisten Reiseteilnehmer todmüde ins Bett. Am nächsten Tag warteten große Dinge auf uns. Schon beim Betreten der Stadt ist der Besucher von dem mächtigen Stadttor, dem Koran-Tor, beeindruckt. Es befindet sich auf einer leichten Anhöhe und gibt von dort den Blick frei auf die tiefer liegende Stadt.

Was sollte man über Schiras wissen? Schiras liegt auf einer Höhe von 1.540 Metern und ist mit seinen 1,5 Millionen Einwohnern die Hauptstadt der Provinz Fars. Wegen der vielen Gärten und Parks ist sie als Stadt der Rosen und Nachtigallen bekannt. Außerdem gilt Schiras als die Stadt der Dichter und Denker Persiens. Die bedeutendsten sind Hāfez und Saadi.

Hāfez lebte im 14. Jahrhundert. Sein bekanntestes Werk ist der „Diwan“. Unser großer deutscher Dichter und Denker Goethe war ein Verehrer von Hāfez. Dessen „Diwan“ inspirierte Goethe daraufhin zu seinem Werk über den „Westöstlichen Divan“. Damit hat Goethe dem Dichter Hāfez gleichzeitig ein Denkmal gesetzt. Die Wirkungsstätten von Hāfez und Goethe, Schiras und Weimar, wurden später Partnerstädte. Am 12. Oktober eines jeden Jahres wird in Weimar dem Geburtstag des Dichters Hāfez gedacht. Im Rahmen einer Stadtführung wurde uns Teilnehmern von „Biblische Reisen“ das Glück zuteil, die Grabstätten der beiden großen Dichter, die in Mausoleen untergebracht waren, zu besichtigen und an deren Sarkophagen zu stehen. Der Sarkophag des Dichters Hāfez ist mit einer wunderschön gearbeiteten Alabastergrabsteinplatte versehen.

Der Dichter Saadi lebte ein Jahrhundert früher, im 13. Jahrhundert, in Schiras, wo er im Jahre 1292 starb. Seine bekanntesten Werke sind „Der Fruchtgarten“ und „Der Rosengarten“. Im UNO-Gebäude in New York wird er mit einer Übersetzung nach Karl Heinrich Graf wie folgt zitiert: „Die Menschenkinder sind ja alle Brüder / Aus einem Stoff wie eines Leibes Glieder / Hat Krankheit nur ein einz’ges Glied erfasst / So bleibt den anderen weder Ruh noch Rast / Wenn andrer Schmerz dich nicht im Herzen brennt / Verdienst du nicht, dass man noch Mensch dich nennt.“

Bei den Felsengräbern von Naqsche Rostam

Weitere Höhepunkte der Reise ließen nicht auf sich warten. Da war zunächst Naqsche Rostam, die Straße der Felsengräber, etwa vier Kilometer nördlich von Persepolis im Zāgros-Gebirge gelegen. Die in senkrechte Felswände geschlagenen Nekropolen sind die letzte Ruhestätte namhafter Herrscher aus der Achämeniden- und Sassanidenzeit. Die zugemauerten Eingänge zu den Gräbern sind so angelegt, dass sie teilweise nur über Leitern zu erreichen sind. Oberhalb der Türen sind Reliefs und unterhalb der Türen Inschriften zu erkennen. Die prominentesten Gräber sind die von Darius I. und Darius II. Ein Relief im Sockel des Grabes von Darius I. zeigt König Shapur I. bei der Gefangennahme der römischen Kaiser Valerian und Philippus Arabs. In der Schlacht bei Carrhae im Jahre 259 n. Chr. gegen den sassanidischen König Shapur I. verloren die Römer nicht nur die Schlacht, sondern auch sämtliche Feldzeichen und Standarten. Das war für die Römer die größte Schmach aller Zeiten.

Persepolis

Ruinen der historischen Königsstadt Persepolis

Nicht weit von Naqsche Rostam entfernt stößt man auf Persepolis, die von Darius I. um 518 v. Chr. errichtete und von seinen Nachfolgern genutzte und erweiterte Repräsentationshauptstadt des persischen Reiches. Sie war zwar nicht die größte, jedoch mit ihren Palästen und Bauten die prächtigste und beeindruckendste Stadt.

Persepolis war keine Stadt im üblichen Sinne. Sie besaß keine Händler- und keine Handwerkerviertel und höchstwahrscheinlich auch keinen Basar. Allerdings hatte Darius zum Aufbau dieser Anlage Architekten, Handwerker und Künstler aus allen Teilen des Reiches herbeordert. Danach war Persepolis eine reine Repräsentationshauptstadt mit Palästen, Empfangs- und Versammlungshallen, Schatzhäusern, Verwaltungs- und Wirtschaftsgebäuden.

Wenn man sich von Westen her dem riesigen Komplex nähert,

muss man zwangsläufig ehrfurchtsvoll auf eine circa zwölf Meter hohe und 450 × 300 Meter große, künstlich angelegte Palastterrasse hochschauen. Als Erstes fällt dem Besucher die großzügig angelegte doppelläufige Freitreppe ins Auge. Von dort aus geht es durch das Tor aller Länder in die Palastanlage. Persepolis ist eine Ruinenstadt, obwohl etliche Mauern und Säulen noch erhalten geblieben sind. Umrisse der einzelnen Gebäude sind noch gut zu erkennen. Mit dem Niederbrennen von Persepolis im Jahre 330 v. Chr. hatten die Truppen Alexanders des Großen bei dessen Persienfeldzug einen großen kulturhistorischen Frevel begangen. Außer den Palastbauten von Darius I. und Xerxes sind das Schatzhaus, der Hundert-Säulen-Saal und der auf 36 Säulen ruhende Audienz- und Thronsaal (**Apadana**) hervorzuheben. Der Audienz- bzw. Thronsaal war quadratisch gestaltet, wies eine Höhe von 19 Metern auf und sollte 10.000 Personen aufnehmen können. Die Seitenlänge betrug 60 Meter. Außerhalb der großen Anlage waren Felsengräber von Artaxerxes II. und Artaxerxes III. auszumachen. Zu Recht ist Persepolis zum UNESCO-Weltkulturerbe erhoben worden.

Am Grabmal von Kyros II.

Tags darauf, es war der zehnte Reisetag, fuhren wir zu den Ruinen von Pasargadae, der alten persischen Haupt- bzw. Regierungsstadt. Für Interessierte: Die Höhenlage dieser Stadt beträgt 1.850 Meter. Auf einem gewaltigen, stufenförmigen Sockel ist weithin das riesige Grabmal von Kyros II., dem Gründer des großen Perserreiches, sichtbar. Für mich und viele Mitreisende war dies ein erhebender Augenblick. Nicht vielen Menschen wurde solch ein Glück und vielleicht solch eine einmalige Gelegenheit in ihrem Leben zuteil. Im Gegensatz zu Persepolis waren, wie aus den noch vorhandenen Mauern und Säulenstümpfen zu ersehen ist, die Umrisse des früheren

Palastes und der umliegenden Gebäude wesentlich kleiner. Die gesamte Anlage nahm sich eher bescheiden aus. Nachdem wir reichlich Fotos gemacht und unsere Besichtigung abgeschlossen hatten, setzten wir unsere Reise zur Oasenstadt Yazd fort.

Oasenstadt Yazd

Auf der 460 Kilometer langen Strecke nach Yazd gab es außer einer mit kargen Gebirgen durchsetzten Wüstenlandschaft nichts zu sehen. Die Provinz Yazd liegt im zentralen Hochland des Irans und ist bedingt durch ihren siedlungsfeindlichen Charakter äußerst dünn besiedelt. Sie ist die Provinz mit den geringsten Niederschlägen und den höchsten Temperaturen. Die minimale Luftfeuchtigkeit lässt die hohen Temperaturen jedoch erträglich erscheinen. Was wohl den wenigsten Menschen in Europa bekannt ist, ist die Tatsache, dass Yazd als ein Zentrum des zoroastrischen Glaubens im Iran gilt. Die Religion ihres Stifters Zarathustra hat in der Wüsteneinsamkeit den Islam und das Christentum überlebt. Außerdem handelt es sich hierbei um eine rein monotheistische Religion, ohne jeglichen Götter- oder Götzenspuk. Die zoroastrischen Glaubensrichtlinien entsprechen in weiten Teilen unseren christlichen Glaubensgrundsätzen.

Unserer Reisegruppe wurde sogar Gelegenheit geboten, in Yazd einen zoroastrischen Feuertempel zu besichtigen. Hier sahen wir auch die heilige und ewige Flamme, die dort seit vielen Jahrhunderten brennt. Im zoroastrischen Glauben wird Ahura Mazda in Form eines geflügelten Gottes verehrt. Yazd, von Sand- und Salzwüsten umgeben, liegt auf einer Höhe von 1.200 Metern und hat 430.000 Einwohner. Die Stadt beeindruckt durch eine dem extrem heißen Klima angepasste Architektur in Form von Windtürmen und unterirdischen Kanälen, den sogenannten Qanaten. Die Windtürme haben die Funktion einer Klimaanlage. Es handelt sich um runde bzw. viereckige Türme, die im oberen Teil rundherum senkrecht angebrachte Schlitze aufweisen, sodass die Luft von allen Seiten hineinwehen kann. Die Luft sinkt nach unten, kühlt sich dabei an den Innenwänden der Türme ab und bringt Kühlung in die tiefer gelegenen Wohnungen. Die engen und zum Teil überdachten Gassen der Altstadt spenden erquickenden Schatten. Die Qanate bringen frisches Wasser aus den Bergen in die umliegenden Städte. Damit das kostbare Wasser auf den langen Wegen unterwegs nicht verdunstet, wird es in unterirdischen Kanälen in die Städte geleitet.

Eine weitere Sehenswürdigkeit in Yazd und Umgebung sind die Türme des Schweigens. Auf Hügeln außerhalb der Städte errichtete man relativ niedrige, nach oben offene Türme mit einem großen Durchmesser für die Aufnahme von Toten. Sie dienten einem zoroastrischen Totenbrauch. Zoroastrischen Bestattungsritualen entsprechend, wurden die Toten in früheren Zeiten völlig unbekleidet in die Türme des Schweigens verbracht und den Geiern zum Fraß überlassen. Später erhielten die Gebeine eine würdige Erdbestattung.

Zum Abschluss unseres Aufenthaltes durfte ein Besuch der Hauptmoschee, der Jaime-Moschee, nicht fehlen.

Auf dem Wege nach Isfahan

Das nächste Etappenziel war Isfahan. Auf der Fahrt dorthin machten wir einen Zwischenstopp in Nā‘in. Nā‘in ist bekannt als Teppichstadt. Beim Betreten dieser Stadt fiel mir ein, dass wir für unser Wohnzimmer vor Jahren einen Nā‘in-Shah-Teppich gekauft haben. Er ist ein Juwel. Die Besichtigung der im Jahre 960 n. Chr. erbauten Jaime-Moschee war ein Muss. Sie besitzt einen für islamische Verhältnisse untypisches, hohes, oktogonales Minarett und eine unterirdische Gebetshalle, die ihr Licht durch in die Decke eingelassene, beinahe durchsichtige Alabaster-Platten erhält. Am frühen Nachmittag erreichten wir Isfahan.

Isfahan, die schönste Stadt Persiens

Isfahan ist die schönste Stadt Persiens, was auch ein jeder Besucher bestätigen kann. In einem persischen Sprichwort wird Isfahan als „die Hälfte der Welt" bezeichnet. Isfahan liegt auf einer Höhe von 1.575 Metern und hat heutzutage eine Einwohnerzahl von 2,1 Millionen. Die Wurzeln der Stadt reichen von der Zeit Kyros II. zurück über die seldschukische Zeit im 10. Jahrhundert bis hin zu Shah Abbas I. aus dem Geschlecht der Safawiden, der Isfahan im Jahre 1598 zur Hauptstadt seines Reiches machte. Unter ihm erlebte Isfahan eine Blütezeit. Mit 600.000 Einwohnern zählte Isfahan damals zu den bevölkerungsreichsten Städten der Welt. Man war tolerant und weltoffen. Viele Religionen und Glaubensrichtungen waren in ihren Mauern anzutreffen. Isfahan ist bekannt wegen seiner Teppiche, Kupferwaren, Stoffdrucke und Miniaturmalereien.

Isfahan hat viele Sehenswürdigkeiten aufzuweisen, wie zum Beispiel den Königsplatz (Meidane Emam), die Imam-Moschee (seit 2012 Weltkulturerbe), eine monumentale Wintergebetshalle, den Ali-Qapu-Palast, die doppelstöckige Khaju-Brücke, den großen, überdachten Basar und das Armenierviertel mit einer schönen Kathedrale.

Ich möchte beim Königsplatz oder auch Imam-Platz (Meidane Emam) beginnen, der heute zum UNESCO-Weltkulturerbe gehört. Mit den Abmessungen 510 × 160 Meter ist er nach Pekings Tian'anmen-Platz der größte und zugleich auch schönste Platz der Welt. Der ehemalige Versammlungs- und Paradeplatz wurde in eine großflächige Parkanlage umgewandelt. An einer Seite ist der Platz von Arkadengängen begrenzt, in denen sich

Läden bzw. Geschäfte befinden. Ferner weist der riesige Platz an seinem Südende die Imam-Moschee, am Nordende den Basar, an der Ostseite die Lotfollah-Moschee und an der Westseite den Ali-Qapu-Palast auf. Die größte der beiden Moscheen ist die Imam-Moschee. An Schönheit wird sie jedoch von der Lotfollah-Moschee übertroffen. Bei fast allen Moscheen im Iran fiel mir auf, dass sie im Vergleich zu anderen islamischen Ländern ausschließlich mit zwei relativ schlanken Minaretten ausgestattet sind. Der 48 Meter hohe Ali-Qapu-Palast wurde im Jahre 1597 von Shah Abbas I. erbaut. Dazu muss ich sagen, dass der Palast äußerlich nicht besonders attraktiv aussieht. Er gleicht einem viereckigen Kasten. Das ist allerdings meine subjektive Meinung. Dafür ist er im Inneren sehr schön ausgestattet.

Ein gerne aufgesuchtes Motiv zum Filmen und Fotografieren ist die doppelstöckige Khaju-Brücke, die über den Zajandehrut-Fluss führt. Leider führt der Fluss zeitweilig wenig Wasser, sodass Teile des Flussbettes trockenliegen. Das wurde begründet mit einer teilweisen Umleitung des Flusses in wasserarme Ortschaften.

Die wenigsten Reiseteilnehmer wussten, dass Isfahan ein Armenierviertel hat. Auf allgemeinen Wunsch statteten wir diesem Viertel einen Besuch ab. Es drängte sich die Frage auf, warum die armenische Ethnie in Persien so stark vertreten ist. Darauf gibt es folgende Antwort: Shah Abbas I. siedelte im 17. Jahrhundert im Stadtteil Julfa etwa 30.000 christliche Armenier an. Er brauchte kluge Köpfe für Handel und Verwaltung. Georgiern räumte er ebenfalls Aufstiegschancen im Regierungsapparat ein. Mit dieser Maßnahme wollte er die bis dahin turkstämmigen Führungsschichten im Lande zurückdrängen.

Unter den Kirchen, welche die Armenier in Isfahan bauten, ist die Vank-Kathedrale die größte und bedeutendste. Die Kathedrale ist ein Kuppelbau mit zum Teil byzantinischer Architektur und einem separat stehenden Glockenturm. Es besteht keine Ähnlichkeit mit Kirchen oder Kathedralen, wie man sie in Europa findet. Die Begehung des großen Basars mit seinen überdachten Gassen war ein Erlebnis. Ich begleitete dabei einen gehbehinderten Teilnehmer aus unserer Reisegruppe durch die vielen Gänge und Gassen. Man musste aufpassen, die Orientierung nicht zu verlieren. Überall wurden wir angestarrt und das nicht nur von Männern, sondern auch von zum Teil hübschen, jungen Frauen. In dem Augenblick, wo man ihren Blick erwiderte, blickten sie stets schamhaft zur Seite.

Wir wurden dort hauptsächlich von überwiegend jungen Männern interviewt. Sie waren immer sehr informationshungrig und wissbegierig. Sobald sie erfuhren, dass wir aus Deutschland kamen, wurden wir willkommen geheißen und manchmal auch zum Tee eingeladen. Es kam auch zu politischen Gesprächen, wobei wir uns äußerst zurückhaltend verhielten. Man konnte nie so genau wissen, mit wem man es zu tun hatte. Die Geheimpolizei war bestimmt überall. Unsere Kanzlerin Merkel schien überall bekannt zu sein.

So bummelten wir durch den Basar, vorbei an Kupfer- und Goldschmiedewerkstätten, Tuch-, Gewürz-, Keramik- und Teppichhändlern, bis wir am anderen Ende des Basares herauskamen. Nun wurde es höchste Zeit, wieder zu unserer Gruppe zu stoßen. Ohne unseren einheimischen Touristenführer Khayvan hätten wir niemals zu unserem Hotel zurückgefunden.

Rückreise nach Teheran über Kashan und Qom

Am vorletzten Tag der Reise ging es nach Teheran, der Hauptstadt Irans. Unterwegs machten wir noch je einen Zwischenstopp in Kashan und in Qom. Kashan ist bekannt wegen seines Rosenwassers und seines schönen Gartens Bāghe Fin. Hier speisten wir auch zu Mittag. Der zweite Stopp erfolgte in Qom, dem theologischen Zentrum der iranischen Schiiten.

Gespräch mit einem Ajatollah

In Qom wurde unserer Reisegruppe die seltene Gelegenheit zu einem Gespräch mit einem schiitischen Geistlichen gewährt. Er sei im Rang eines Staatssekretärs, wurde uns gesagt. Bevor wir dessen Haus betraten, mussten wir unsere Schuhe ausziehen. Sie wurden vor dem Haus abgestellt. Da fiel so mancher besorgte Blick nach oben, als wollten die Augen sagen: „Hoffentlich regnet es nicht!"

Wir wurden in einen großen, modern eingerichteten Empfangsraum geführt. Die Wände waren mit Bücherregalen ausgefüllt und der Boden war mit kostbaren Teppichen ausgelegt. Wir nahmen auf einer Stuhlreihe gegenüber dem Sitz des Geistlichen Platz. Der Geistliche, ein Ajatollah, ließ noch eine Weile auf sich warten. Währenddessen bereitete unsere Gruppe Fragen vor, die sie dem geistlichen Herrn stellen wollte.

Nach einer Weile erschien eine ältere, hochgewachsene Gestalt mit einem schwarzen Turban und einem schwarzen Umhang über einer blütenweißen Tunika. Unser Touristenführer fungierte nun als Dolmetscher. Nach einer kurzen Begrüßung und Vorstellung wurden auch schon die ersten Fragen gestellt. Als höflicher Mensch fragte ich den Geistlichen, ob es gestattet sei, zu fotografieren bzw. zu filmen. Ich hatte die Frage auf Deutsch gestellt. Der Ajatollah sah mich kurz an und nickte mir zu. Offensichtlich hatte der Geistliche meine Frage verstanden, was darauf hindeutete, dass er zumindest ein wenig Deutsch verstand. Der Dolmetscher übersetzte mit: „Ja, aber erst nach der Gesprächsrunde."

Es wurden verschiedene theologische Themen behandelt. Dabei kamen auch die Unterschiede zwischen Sunniten und Schiiten zur Sprache. Ein wesentlicher Unterschied zwischen den beiden religiösen Richtungen sei, dass im Iran Frauen studieren und auch Berufe ergreifen dürften. Qom beherberge eine große Universität mit über 80.000 Studierenden. Darunter befinden sich immerhin einige Tausend (ca. 5.000) weibliche Studierende. Es kam unter anderem auch die vorhandene Toleranz gegenüber nicht islamischen Glaubensgruppen zur Sprache. Man erkannte bzw. anerkannte viele Gemeinsamkeiten bei Christen und Muslimen. Nach einer Dreiviertelstunde war das Gespräch in freundlicher Atmosphäre beendet. Dann wurden Fotos gemacht. Der Geistliche wünschte unserer Reisegruppe einen angenehmen Aufenthalt im Iran und eine gute Heimreise.

Nach draußen gekommen, fiel der erste Blick auf die Schuhe. Sie standen noch da, wo wir sie hingestellt hatten. Sie waren auch noch trocken! Danach ging die Fahrt weiter in Richtung Teheran. Unterwegs machten wir ein kleines Päuschen und setzten anschließend die Fahrt erfrischt und erleichtert fort. Gegen Abend erreichte unser Bus die Außenbezirke von Teheran.

Teheran – das Ende der Reise

Teheran ist die Hauptstadt des Irans und zählt mit den Außenbezirken circa 15 Millionen Einwohner. Der Verkehr wurde immer dichter, je mehr wir uns dem Zentrum der Stadt näherten. Die zehnspurigen Zufahrts- und Ausfallstraßen waren total verstopft. Ich fühlte mich unwillkürlich in eine deutsche Großstadt versetzt. Es dauerte sehr lange, bis wir schließlich unser Hotel mit Namen „Laleh“ erreicht hatten.

Am darauffolgenden Tag standen einige Besichtigungen in Teheran auf dem Programm. Da waren zum Beispiel Besuche im Archäologischen Museum, dem Golestanpalast, dem Juwelenmuseum und eine Begegnung mit einem Vertreter der deutsch-evangelischen Gemeinde vorgesehen.

Am Morgen des beginnenden Tages gab es einen Zwischenfall: Nach dem Frühstück begab ich mich, wie alle anderen Reiseteilnehmer auch, aufs Zimmer, um noch einige Dinge zu holen. Ich benutzte die Magnetkarte zum Öffnen der Tür. Aber die Zimmertür öffnete sich nicht. Mehrmalige Versuche blieben erfolglos. Ich eilte von der sechsten Etage hinunter zur Rezeption und reklamierte die mir zuvor ausgehändigte Magnetkarte. Man gab mir eine neue Karte. Auch mit dieser Karte schlugen alle Öffnungsversuche fehl. Ich reklamierte erneut bei der Rezeption. Dort gab man mir einen Techniker mit. Auch dieser musste seine missglückten Versuche einstellen. Danach kam der Chef des Technikers mit einem Dietrich und versuchte, das Schloss zu öffnen.

Derweil stand meine Reisegruppe schon zur Abfahrt bereit am Bus und wartete auf mich. Ich ließ verkünden, dass es noch eine Weile dauern werde, da sich die Tür zu meinem Hotelzimmer nicht öffnen lasse. Der Reiseleiter war besorgt. Ich hörte hinter vorgehaltener Hand das Wort „Geheimdienst“. Jetzt wurde es mir doch etwas mulmig zumute. Ich dachte unwillkürlich an die im Zimmer zurückgelassene Kamera. Inzwischen setzte sich der Bus mit den Reiseteilnehmern in Richtung Archäologisches Museum in Bewegung. Der Reiseleiter ließ einen einheimischen Reiseführer bei mir im Hotel zurück.

Während meiner Abwesenheit vom Ort des Geschehens – ich befand mich noch unten an der Rezeption – waren ein Schlosser und ein Schreiner auf den Plan getreten und hatten mit vereinten Kräften versucht, das Türschloss zu knacken. Als ich von der Rezeption in den sechsten Stock zurückkam, war man gerade dabei, das Türschloss auszusägen. Nach einem kräftigen Schlag mit dem Hammer gegen das Türschloss fiel dieses aus der Tür heraus und die Tür konnte mit der Hand aufgestoßen werden. Ein Aufatmen ging durch die Reihen!

Was aber war die Ursache für die Fehlfunktion des Türschlosses? Man wird es kaum glauben: Zwei völlig korrodierte Batterien, die keine Leistung mehr hervorbrachten, holte man aus einem Kästchen heraus. Jetzt wurden mir die Folgen der gegen den Iran verhängten Sanktionen bewusst. Sie schlugen durch bis auf fast alle Lebensbereiche. So konnten infolge Ersatzteilmangels die einfachsten Wartungsarbeiten an Geräten und Maschinen nicht durchgeführt werden.

Ohne Umschweife bekam ich sofort ein anderes Zimmer mit einem funktionierenden Türschloss zugewiesen. In Windeseile wurde von mir der Zimmerwechsel vollzogen und im Taxi ging es mit dem mir zur Seite gestellten zweiten Reiseführer zum Archäologischen Museum, wo ich auf unsere Gruppe stieß. Viel habe ich vom Museum nicht mehr mitbekommen. Ich war noch ziemlich mitgenommen von dem Vorfall. Der einzige Gegenstand, den ich vor dem Verlassen des Gebäudes erblickte, war eine Kopie der Gesetzesstele des babylonischen Königs Hammurabi aus dem 18. Jahrhundert v. Chr. Unverzüglich zückte ich meine Kamera und schoss mehrere Fotos von der seltenen Stele.

Die nächste Anlaufstelle war der berühmte Golestanpalast. Er ist einer der schönsten und prunkvollsten Paläste, die ich je gesehen habe. Fotografieren war hier strengstens verboten. Von dem Vorfall am Morgen war ich noch immer mental stark mitgenommen, sodass ich mich auf die weiteren Besichtigungen nicht richtig konzentrieren konnte. Erst im Juwelenmuseum, das gegenüber der deutschen Botschaft an der Ferdowsi-Straße liegt, kam ich geistig langsam zu mir.

Das Juwelenmuseum ist aus Sicherheitsgründen in einem Nebengebäude der Iranischen Zentralbank untergebracht und wird streng bewacht. In jedem Gang und in jeder Nische befinden sich bewaffnete Sicherheitskräfte. Die Hauptattraktion in dem unterirdischen Museum stellt der 182-karätige, roséfarbene Darya-i-Nur-Diamant (Meer des Lichts) dar. Er ist der größte roséfarbene Diamant der Welt. Ferner sind zwei Pfauenthrone, mehrere juwelenbesetzte Kronen und Diademe zu bewundern. Das interessanteste Museumsstück ist jedoch, aus meiner Sicht, die goldene Weltkugel mit einem Durchmesser von 66 Zentimetern. Das von iranischen Goldschmieden gefertigte Exemplar wiegt mitsamt den darauf verwendeten 51.366 Edelsteinen 37,6 Kilogramm. Das Repräsentationsschwert eines Shahs ist mit

12.384 Diamanten, 275 Rubinen und 214 Smaragden besetzt. Außerdem ist im Juwelenmuseum der drittgrößte Rubin (100 Karat) der Welt zu sehen.

Am Nachmittag waren wir bei der deutsch-evangelischen Kirchengemeinde eingeladen. Nach einem Gottesdienst waren für uns auf der Terrasse eine Anzahl Tische gedeckt. Es gab Kaffee und Kuchen wie in der Heimat. Das aus rotem Backstein errichtete Gebäude machte einen neueren und modernen Eindruck. Die Terrasse war teilweise überdacht. Wir bedankten uns bei dem Pfarrer-Ehepaar und brachen auf zu unserem Hotel.

Am nächsten Morgen wurde zur Heimreise geblasen. Am 30.09.2015 bestieg unsere Reisegruppe um 14:40 Uhr in Teheran einen Airbus A321-200, der nach einem fast dreistündigen Flug um 17:40 Uhr (Ortszeit) in Istanbul landete. Hier verließen uns die österreichischen Teilnehmer, um nach Wien weiterzureisen. Um 19:00 Uhr desselben Tages setzten wir die Reise fort und landeten abends um 21:15 Uhr in Frankfurt am Main. Eine hochinteressante Reise hatte nun ihren Abschluss gefunden.

Ein Hauch von Orient

Casablanca

Das 210 m hohe Minarett gilt als das Wahrzeichen von Casablanca

Für den Monat April des Jahres 2016 hatte ich eine Studienreise nach Marokko geplant. Wie schon in der Vergangenheit hatte ich auch dieses Mal wieder bei dem Reiseveranstalter „Biblische Reisen“ gebucht. So bestieg ich am 8. April um 17:45 Uhr in Frankfurt am Main eine Boeing B737-800, die nach einem dreieinhalbstündigen Flug um 20:20 Uhr in Casablanca landete. Unseren künftigen deutschen Reiseleiter hatte ich bereits am Frankfurter Flughafen kennengelernt. Er war ausgesprochen sympathisch und erinnerte mich an meinen in der Schweiz lebenden Großvetter.

Casablanca ist eine moderne, europäische Stadt, die stark französisch geprägt ist. Als beeindruckendes Bauwerk in Casablanca blieb mir die Hassan-II.-Moschee mit ihrem 210 Meter hohen Minarett in Erinnerung. Unser einheimischer Reiseführer Abdel beschrieb das Minarett als „Leuchtturm des Islam“. Nachts weist ein grüner Laserstrahl in Richtung Mekka. Eine weitere Sehenswürdigkeit ist ein Nachbau des berühmten „Rick’s Café“ aus dem Film „Casablanca“ mit Humphrey Bogart.

Die Reise war schwerpunktmäßig auf die vier Königsstädte Marokkos (Rabat, Meknès, Fès und Marrakesch) abgestellt. Von Casablanca aus ging die Reise per Fernreisebus nach Rabat.

Königsstadt Rabat

Rabat ist eine der älteren Königsstädte und zugleich Hauptstadt Marokkos. Leider bekam unsere zehnköpfige Reisegruppe den gut bewachten und mit einer Festungsmauer umgebenen Königspalast von König Mohammed VI. nur von außen zu sehen. Zum Ausgleich dafür hatten wir freien Zugang zu dem prächtig ausgestatteten Mausoleum der Könige Mohammed V. und Hassan II. Interessant wurde die Führung erst bei einem Bummel durch einen befestigten Teil der Altstadt, Kasbah des Oudaias genannt. Allein das wuchtige Oudaia-Tor nötigte einem gewaltigen Respekt ab. Malerisch sind auch die innerhalb des Festungsgürtels angelegten andalusischen Gärten. Hier konnte man viele einheimische Familien antreffen. Die ältere Generation war noch in traditionelle Gewänder gekleidet, während die Jugend sich europäisch und modern gab.

Unser Mittagessen nahmen wir in einem typisch marokkanischen Restaurant mit niedrigen Tischen und Stühlen in der Innenstadt ein. Es gab Reis mit Huhn.

Weniger oder gar nicht orientalisch muteten die außerhalb der Stadt gelegenen römischen Ruinen von Chellah an. Gemessen an anderen Ruinen aus dem Altertum, wo nur noch die Grundmauern zu sehen sind, war diese Stätte relativ gut erhalten. Einzelne Raumabgrenzungen waren zum Teil gut erkennbar. Die eigentliche Attraktion von Chellah war eine größere Storchenpopulation, die sich auf Mauern und Säulen der Ruinen niedergelassen und Nester gebaut hatte. Mit dem lauten Geklapper ihrer Schnäbel störten sie etwas die idyllische Stille.

Auf dem Weg nach Meknès, der nächsten Königsstadt, machten wir einen Abstecher nach Volubilis. Volubilis ist die größte römische Ruinenstätte Marokkos und trägt die Bezeichnung UNESCO-Kulturerbestätte. Volubilis muss früher eine mittelgroße römische Stadt gewesen sein. Straßenverlauf und Gebäudereste sowie Stadttore, Brunnen, Marktplätze und schlanke, von Tempeln stammende Säulen waren noch gut zu erkennen. Besonders erwähnenswert sind die wunderbar erhaltenen Bodenmosaiken in ehemaligen Häusern und Hallen. Als Althistoriker hatte ich hier Gelegenheit, mit einem Hobbyarchäologen interessante Gespräche zu führen. Auf den Kapitellen vieler, durch die Jahrhunderte gut erhaltener Säulen hatten sich Störche, ähnlich wie in Chellah, Nester gebaut und diese auch bevölkert. Mit ihrem ständigen Geklapper brachten sie Leben in die Ruinenlandschaft.

Bevor wir mit dem Bus Meknès erreichten, passierten wir den

Wallfahrtsort Moulay Idris, wo der gleichnamige Staatsgründer seine letzte Ruhe gefunden hat.

Königsstadt Meknès

Meknès ist von einer gewaltigen, zyklopenartigen Mauer umgeben, hinter der sich zu Zeiten von Sultan Moulay Ismaïl monumentale Getreidespeicher und Pferdeställe verbargen. Sehr beeindruckend ist das wuchtige Stadttor Bab el-Mansour. Stadttore schienen im Orient stets eine wichtige Rolle gespielt zu haben. Sie haben immer etwas Respekt Einflößendes an sich und waren gleichzeitig das Wahrzeichen einer Stadt.

In Meknès spürt man schon einen leichten Hauch von Orient. Die Menschen sind mehr oder weniger traditionell gekleidet. Männer tragen vielfach Kapuzenmäntel. In den Souks sieht man häufiger Eselsgespanne. Auch bei den Menschentypen bemerkt man einen Übergang vom feinsinnigen Araber zum robusten und rustikalen Berber. Am deutlichsten kann man diese Unterschiede in Fès, der ältesten Königsstadt Marokkos, feststellen.

Königsstadt Fès

Fès ist die wichtigste der vier Königsstädte und zugleich das religiöse Zentrum Marokkos. In der Altstadt, die zum UNESCO-Kulturerbe gehört, fühlt man sich in den tiefsten Orient versetzt. In der Altstadt mit den Souks sind die Gassen dermaßen eng, dass es dort für Fahrzeuge kein Durchkommen gibt. Die einzigen Verkehrsmittel und Lastenträger sind die vielen geduldigen Esel. Überhaupt stellt die Altstadt von Fès ein irres Labyrinth aus Gassen und Gässchen dar. Ohne einen Führer ist man verloren. Ich kann mich auch nicht an irgendwelche Straßenbezeichnungen dort erinnern.

Wie im alten Orient gibt es hier Handwerkerviertel für Töpferwaren, Keramikmalerei, Kupfer-, Messing-, Gold- und Silberschmiede. Interessant und zugleich unangenehm war der Besuch einer Gerberei. Hier herrschte ein ekelerregender Geruch, der von den vielen Bottichen, Becken und Wannen kam, in denen sich die unterschiedlichsten Tierhäute zur weiteren Verarbeitung befanden. Damit der Besucher die Besichtigung unbeschadet übersteht, das heißt, ohne sich gleich übergeben zu müssen oder in Ohnmacht zu fallen, bekommt er ein Büschel stark duftender Minze in die Hand gedrückt, welches er ständig vor Mund und Nase zu halten hat.

In Marokko haben wir nur die Hassan-II.-Moschee besuchen dürfen. Das war eine Ausnahme, da in Marokko das Betreten von Moscheen für Nichtmoslems verboten ist. Einmal waren wir im Innenhof einer Moschee in Fès, an deren Namen ich mich nicht mehr erinnere. Ich weiß nur, dass es sich um eine ausgesprochen schöne Anlage gehandelt hat. Im jüdischen Viertel von Fès stand noch der Besuch einer Synagoge auf dem Programm. Schön und erholsam war am nächsten Tag ein Spaziergang durch einen Zedernwald. Es war ein erhabenes Gefühl, unter den mächtigen Baumriesen zu wandeln.

Ifrane am Fuße des Mittleren Atlas

Danach nahmen wir Kurs auf Ifrane, einem Ort der Sommerfrische und des Wintersports, am Fuße des Mittleren Atlas gelegen. Man fühlt sich unwillkürlich in die Schweiz versetzt. Die Häuser weisen eine alpenländische Architektur auf. Man sieht Chalets und rot gedeckte Giebelhäuser. Dieser Ort lud direkt zu einem kleinen Spaziergang in der klaren, frischen Bergluft ein.

Nach einer Teepause ging die Reise weiter hinauf in den Mittleren Atlas, den wir beim Col du Zad (2178 Meter) überquerten. Hier, an dieser Stelle, befindet sich auch die Wasserscheide zwischen Atlantik und Mittelmeer. Der schwierigste Teil der Reise lag aber noch vor uns: die Überquerung des Hohen Atlas. Nach einer zurückgelegten Strecke von 410 Kilometern erreichten wir unser nächstes Etappenziel: Erfoud.

Oasenstadt Erfoud

Erfoud liegt in einer der größten Oasen Nordafrikas. In der Nähe von Erfoud ließen wir uns für zwei Tage in einer zu einem urigen Hotel umfunktionierten, ehemaligen Festung (Kasbah) nieder. Bei einem Ausflug nach Rissani an der algerischen Grenze besichtigten wir eine Fossilienwerkstatt. Anhand der Fossilienfunde ließ sich erkennen, dass dieser Teil Afrikas in der Urzeit von Wasser bedeckt gewesen sein musste.

Ausflug in die Sahara

Nun komme ich auf ein Erlebnis zu sprechen, das mich persönlich sehr berührte. An einem späten Nachmittag war eine Fahrt mit einem Geländewagen in die Sahara angesagt. Es ging darum, einen Sonnenuntergang in der Wüste zu erleben. Wer an diesem Unternehmen interessiert war, konnte sich melden. Selbstverständlich war ich interessiert! So etwas durfte man sich doch nicht entgehen lassen! Bis auf einige ältere und gehbehinderte Teilnehmer waren die meisten mit von der Partie. Zu diesem Zweck hatte man ein paar fährten- und pistenkundige Beduinen angeheuert, die gegen 16:00 Uhr mit drei Jeeps abfahrbereit vor dem Hotel standen. Die Wüstensöhne sprachen weder Englisch noch Deutsch, nur einen arabischen Dialekt, wo sogar unser einheimischer Reiseführer Schwierigkeiten hatte, sie zu verstehen. Vor der Abfahrt erhielten wir „Greenhorns“ einige Anweisungen über das Verhalten in der Wüste. Die wichtigsten Punkte waren: ein genügend großer Wasservorrat, gutes Schuhwerk, Sonnenbrille, Kopfbedeckung und möglichst eine Ganzkörperbekleidung. Für mich und die anderen Teilnehmer des Unternehmens spielte die Mitnahme einer Kamera eine ebenso wichtige Rolle.

Nach der kurzen Ansprache brausten die Jeeps los. Ich hatte in einem Mitsubishi Pajero Platz genommen. Mein Traumfahrzeug! Alsbald bogen die Fahrzeuge nach links von der befestigten Straße ab und folgten einer Sand- und Geröllpiste circa 100 Kilometer tief in die Sahara. Nach der Geröllpiste folgte die Sandpiste. Die Räder der Fahrzeuge taten sich schwer in dem weichen Sand. Man spürte das Mahlen der Räder und es ging nur langsam voran. In der Ferne sahen wir am Horizont von unserem Fahrzeug aus ein lang gestrecktes Gebirge, bestehend aus riesigen Sanddünen: die Sanddünen von Erg Chebbi.

Bald hatten wir unser Ziel am Rande der Dünen erreicht. Vor uns befand sich ein flaches Gebäude, das mit einer Art Kiosk und einer Toilette ausgestattet war. Es war heiß, über 35 Grad Celsius im Schatten. Nur wenige Kilometer trennten uns jetzt noch von der algerischen Grenze. Vier oder fünf Kamele lagen hinter dem Gebäude im Sand und die zuständigen Kameltreiber warteten auf Kundschaft. Es war jetzt jedem selbst überlassen, ob er einen Kamelritt oder eine Dünenwanderung machen wollte. Ich entschied mich, wie die meisten Teilnehmer aus unserer Gruppe, für eine Wanderung durch fast haushohe Dünen. Nur zwei Damen bevorzugten einen Ritt auf einem Kamel.

Man bewegte sich entweder einzeln oder in kleinen Gruppen durch den Sand. Kaum waren wir nach 100 Metern in den Dünen untergetaucht, da brachen aus einem Seitental mehrere Beduinen hervor und stürzten sich auf die „Greenhorns", nicht etwa um diese zu bedrohen, sondern um sich als Führer anzubieten. Auf mich hatte es ein jüngerer Beduine abgesehen. Er trug einen blauen Burnus und einen dunkelroten Turban. An den Füßen hatte er Sandalen mit einer starken Profilsohle. Ich versuchte, ihm klarzumachen, dass ich es vorziehe, alleine den Weg fortzusetzen. Daraufhin sagte er auf Deutsch: „Alleine? Alleine sehr gefährlich." Im ersten Moment war ich völlig verdutzt. Ich hatte nicht erwartet, mitten in der Wüste auf Deutsch angesprochen zu werden. Ich ging einfach weiter und ignorierte den jungen Burschen. Ich konnte tun, was ich wollte, er wich nicht von meiner Seite. Er gab mir zu verstehen, dass er für die Führung nur ein kleines Bakschisch von mir haben wollte.

Ich hatte es eilig, da ich ja unbedingt den Sonnenuntergang von einer hohen Düne aus in der Wüste erleben wollte. Daher legte ich einen Schritt zu und erklomm eine relativ hohe Düne. Der Beduine war noch immer in meiner Nähe. Als ich oben den Kamm entlangschritt, kam es zu einem Fehltritt und ich rutschte circa vier Meter einen steilen Hang hinunter. Bei dem Versuch, wieder nach oben zu gelangen, rutschte ich stattdessen immer tiefer. Nun kam mein Beschatter und half mir aus der Bredouille. Gott sei Dank! Ich bedankte mich bei ihm und überlegte, ob es nicht doch ratsam sei, ihn als Führer anzuheuern.

Gedacht, getan! Wir kamen miteinander ins Gespräch, machten uns miteinander bekannt und handelten einen moderaten Preis aus. Er stellte sich als Hamid vor und ich sagte ihm, dass er mich Paul nennen könne. Ich machte Hamid klar, dass ich ihm vertraue, und bat ihn, mich zu einer besonders hohen Düne zu führen. Er war sofort einverstanden. Während wir uns auf Englisch und teilweise auf Deutsch unterhielten, erfuhr ich, dass er 23 Jahre alt war und mit seiner Sippe in der Nähe der algerischen Grenze wohnte. Mir schien er jedoch jünger gewesen zu sein. Hamid ging nun als Führer voran. Unterwegs gab er mir einige Tipps, wie man sich sicher in einer Dünenlandschaft zu bewegen habe. Während der Wanderung erhielt ich den Eindruck, es mit einem besonders begabten jungen Mann zu tun zu haben. Er schien sprachbegabt zu sein, da er außer seiner Muttersprache auch Französisch, Englisch, Italienisch und Deutsch sprach. Wenn wir uns auf Deutsch unterhielten, hatte er im Gegensatz zu Amerikanern, Franzosen oder Osteuropäern nicht den geringsten Akzent. Ich fragte Hamid, woher er so gut Deutsch sprechen könne. „Von den Touristen", antwortete er.

Mein Begleiter HAMID in der Sahara

Nach etwa einer halben Stunde hatten wir die hohe Düne erreicht, die uns als Beobachtungsposten dienen sollte. Wir machten es uns im Sand bequem und beobachteten die untergehende Sonne. Hamid wollte viel über Deutschland wissen. Unter anderem wollte er wissen, ob Deutschland auch ein Meer habe. Ich sagte ihm, dass Deutschland nicht nur ein, sondern zwei Meere habe: die Nordsee und die Ostsee. Ferner wollte er wissen, wie weit Deutschland von unserem jetzigen Standort entfernt sei. Als ich ihm erklärte, dass Deutschland viele Tausend Kilometer von Marokko entfernt sei, machte er einen leicht enttäuschten Eindruck. Danach fragte er mich, in welcher Richtung man

Deutschland suchen müsse. Ich wies mit der Hand in Richtung Norden. Woher ich wisse, wo Norden sei, wollte er von mir erfahren. Daraufhin deutete ich auf meine Armbanduhr und erklärte ihm, dass man mithilfe des kleinen Uhrzeigers und der Sonne die Südrichtung bestimmen und davon die anderen Himmelsrichtungen ableiten könne. Er fragte mich, wo ich so etwas gelernt habe. Ich gab ihm zur Antwort, dass man solche nützlichen Dinge während der Rekrutenausbildung bei der deutschen Bundeswehr lerne. Hamid gab mir zu verstehen, dass sie als Beduinen bei der Bestimmung der Himmelsrichtung sich nach dem Stand der Sonne richteten. Wir kamen überein, dass die Sonne stets unentbehrlich sei.

Inzwischen hatte die Sonne den Rand des Horizontes schon fast berührt. Jetzt hieß es, die Kamera schussbereit zu machen. Ich stand auf, justierte die Kamera und machte gleich mehrere Fotos. Während mein Blick nach Westen in Richtung Sonne gerichtet war, hatte sich Hamid in die andere Richtung, nach Osten gedreht. Wie ich aus meinem Augenwinkel beobachtete, war er auf die Knie gefallen und verrichtete das Abendgebet. Ich hantierte weiter mit der Kamera und tat so, als ob Hamid nicht zugegen sei. Ich fragte mich, welchen Inhalts sein Gebet wohl gewesen sei. Ging es ihm vielleicht um sein Honorar? Würde ihm der deutsche Tourist auch den ausgehandelten Preis zahlen? Plötzlich stand Hamid neben mir und bot sich an, ein Foto von mir mit der untergehenden Sonne zu machen. Natürlich stimmte ich sofort zu. Ich gab ihm die Kamera. Er sagte zuvor noch, dass ich die rechte Hand mit der Innenhandfläche nach oben ausstrecken solle. Dann drückte er den Auslöser. Mit einem verschmitzten Lächeln gab er mir die Kamera zurück und sagte, das von ihm gemachte Foto sei eine Überraschung für mich. Ich werde es zu Hause sehen. So lange gedachte ich aber nicht zu warten. Ich schaltete bei der Kamera auf „Wiedergabe" und erkannte auf dem Foto die untergehende Sonne in meiner rechten Hand haltend.

Die Sonne war fast untergegangen. Die Zeit drängte zum Aufbruch. Hamid fragte mich, ob ich wisse, in welche Richtung wir gehen müssten. Ich deutete mit der rechten Hand in Richtung Nordwesten auf ein in der Ebene liegendes Gebäude. Hamid schüttelte den Kopf und zeigte in Richtung Norden. Dort erblickte ich ebenfalls ein Gebäude, welches dem Ersteren ähnlich sah. Nun war ich verunsichert. Es blieb mir nichts anderes übrig, als mich der Ortskenntnis meines Führers anzuvertrauen.

Inzwischen war die Sonne am Horizont verschwunden. Im letzten Dämmerlicht erreichten wir den Ausgangspunkt unserer Wanderung. Nun ging es ans Bezahlen. Ich kramte meine gesamten Dirhams heraus und stellte zu meinem Entsetzen fest, dass die einheimische Währung nicht ganz reichte, um den ausgehandelten Preis zu zahlen. Was tun, sprach Zeus. Gott sei Dank hatte ich in einem Versteck meiner Kleidung noch Euroscheine parat, allerdings mit größeren Wertangaben. Nun stand ich vor dem Dilemma des Unter- oder Überbezahlens. In Anbetracht der Tatsache, dass mir Hamid zu Beginn der Wanderung in einer schwierigen Situation geholfen hatte, entschied ich mich für die letztere Möglichkeit. So erhielt der Glückliche fast das Doppelte dessen, was wir ursprünglich vereinbart hatten. Hamid war überglücklich, fiel vor mir auf die Knie, bedankte sich etliche Male und überreichte mir aus einer mitgeführten Tasche mit allerlei Souvenirs ein wunderschönes, aus Speckstein gefertigtes Dromedar mit den Worten: „Bitte nimm das als ein Geschenk von deinem Freund Hamid." In diesem Augenblick hatte ich das Bild meines auf der Sanddüne betenden Begleiters vor Augen und mir fielen Jesu Worte aus dem Neuen Testament ein, die da lauten: „Dein Glaube hat dir geholfen."

Bei der Rückkehr zum Parkplatz sah ich auch unsere Fahrer neben ihren Fahrzeugen kniend, das im Islam vorgeschriebene Abendgebet verrichtend. Es war bereits dunkel, als wir die Rückfahrt antraten. Nach der weichen Sandpiste bekamen wir die harte Geröllpiste zu spüren. Es rumpelte ganz ordentlich. Im

Licht der Autoscheinwerfer sah man einen Fuchs und mehrere Wüstenspringmäuse vorüberhuschen.

Entlang der Straße der Festungen (Kasbahs)

Am nächsten Tag führte unsere Reiseroute entlang der Straße der Festungen (Kasbahs) nach Ouarzazate. Den Burgen bzw. Festungen oblag früher der Schutz wichtiger Handelsstraßen. In einer der Festungen machten wir unterwegs Rast und nutzten die Zeit zu einer kleinen Besichtigung.

Auf dem Wege nach Ouarzazate passierten wir eine beeindruckende Schlucht, die Todra-Schlucht im Hohen Atlas mit über 300 Meter hohen Felswänden. Ein reißender Gebirgsfluss hatte sich im Laufe von Jahrtausenden durch den Felsen gegraben und an seinem Ufer nur Raum für eine schmale Straße gelassen. In der Nähe von Ouarzazate machte der Bus einen Halt am größten Solarzellenpark Afrikas. Die wüstenähnliche Umgebung von Ouarzazate bildete die ideale Kulisse für Filme mit Wüstencharakter. Hier entstanden zum Beispiel Filme wie „Ben Hur“ oder „Lawrence of Arabia“. Mit der zweiten Überquerung des Hohen Atlas am 2.260 Meter hohen Tizi‘n-Tichka-Pass näherten wir uns nicht nur der berühmten Königsstadt Marrakesch, sondern auch dem Ende unserer Reise.

Königsstadt Marrakesch

Marrakesch hat den Beinamen „Perle des Südens“. Was die Altstadt anbetrifft, fühlt man sich in den tiefsten Orient versetzt. Sie hat einen Hauch von „Tausendundeiner Nacht“. Ganz gleich, ob man sich am Gauklerplatz (Djemaa el-Fna) befindet, sich den Bahia-Palast mit seinem Haremsgarten ansieht oder durch den Menara-Garten bummelt, stets glaubt man, sich in einer anderen Zeit zu bewegen. In der Nähe des Gauklerplatzes gibt es eine Besonderheit: die Koutoubia-Moschee mit einem markanten Minarett. Das Minarett wurde im gleichen Jahre (1198) und im gleichen Stil wie die Giralda in Sevilla erbaut.

Auf dem Gauklerplatz hatte ich ein unerfreuliches Erlebnis. Plötzlich wurde ich von einem der Gaukler angehalten. Er forderte Geld von mir, weil ich angeblich ein Foto von ihm gemacht habe, was allerdings nicht stimmte. Ich hatte zwar Fotos gemacht, aber nicht von dem Gaukler. Um größerem Ärger aus dem Wege zu gehen, gab ich ihm ein Bakschisch. Danach ließ er mich in Ruhe. Mir war jetzt die Lust am Gauklerplatz vergangen. Ich begab mich direkt zum Hotel und freute mich schon auf die Heimreise. Im Vergleich zu den freundlichen Usbeken oder Iranern ist der Marokkaner übertrieben stolz und aggressiv. Im Gegensatz zu Usbekistan oder dem Iran habe ich hier nie ein „Welcome to Morocco“ gehört.

Am 17. April trat unsere Reisegruppe von Marrakesch aus über Casablanca in einer Boeing B737-800 der Royal Air Maroc die Heimreise an. Um 16:40 Uhr Ortszeit landeten wir nach einem dreieinhalbstündigen Flug in Frankfurt am Main.

Von Dieter Rösel bereits erschienen:

Zwölf Jahre Dienst in der Bundeswehr
Erfahrungen und Erinnerungen eines Zeitsoldaten

Als einer der ersten Freiwilligen, die sich nach Gründung der Bundeswehr zur Luftwaffe meldeten, erlebte der Autor eine ereignisreiche Zeit. Bevor für ihn endlich die lang ersehnte Flugzeugführerausbildung begann, waren etliche Hürden zu nehmen. Eine Erkrankung zwang ihn später zum Abbruch der fliegerischen Ausbildung. Die Jahre 1961 bis 1966 verbrachte Dieter Rösel bei einer deutschen militärischen Dienststelle in den USA, wo dem jungen Soldaten ein hohes Maß an Verantwortung übertragen wurde. Bei den vielen Dienstreisen, die er auszuführen hatte, geriet er öfters in lebensbedrohliche Situationen. Mit unterhaltsamen Anekdoten und informativen Schilderungen gibt Dieter Rösel Einblick in einen nicht ganz alltäglichen Werdegang eines Soldaten.

260 Seiten • Taschenbuch (Paperback)
EUR 15,90 • ISBN 978-3-8280-3536-2

Erlebte Geschichte

Erinnerungen an die Kriegs- und Nachkriegszeit 1939-1956

Wie schaut man auf sein Leben zurück, wenn die Prägung der ersten Kindheitserinnerungen mitten im Zweiten Weltkrieg beginnt? Mit authentischen, informativen und reflektierten Berichten der Abschnitte seiner Jugendzeit ergänzt Dieter Rösel fehlende Kapitel der Zeitgeschichte. Von der Schulzeit unter dem Hakenkreuz, über den beobachteten gewaltsamen Umgang mit russischen Kriegsgefangenen bis hin zum täglichen Überlebenskampf der Nachkriegszeit reichen die einzelnen Episoden aus dem Leben Rösels. Abgerundet wird die biografische Zeitspanne durch die Beschreibung der beruflichen Laufbahn des jungen Erwachsenen und seinen freiwilligen Wehrdienst bei der Bundeswehr.

144 Seiten • Taschenbuch (Paperback)
EUR 10,90 • ISBN 978-3-8280-3512-6

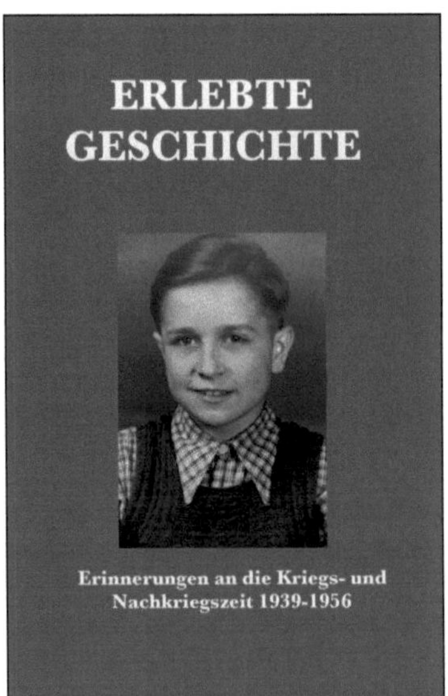

Griechenland - die archaische Zeit

In den Mittelpunkt dieser geschichtswissenschaftlichen Untersuchung stellt Dieter Rösel die archaische Zeit (800–500 v. Chr.) Griechenlands. Die Folgen dieser frühen Vergangenheit prägen Europa bis heute. Nach einem Rückblick auf die Frühzeit der mykenischen Welt und die sogenannten Dunklen Jahrhunderte beschreibt der Autor anschaulich die Funktionsweise der antiken Gesellschaft. Anfangs rein agrarisch orientiert, entwickelten sich handwerkliche, militärische und Handelsstrukturen erst nach und nach. Allmählich etablierte sich das System der Poleis (Stadtstaaten). Systematisch beleuchtet Dieter Rösel gesellschaftliche Strukturen sowie die Entfaltung von Wissenschaft, Kultur und Sport. Nicht von ungefähr liegen hier die Wurzeln der heutigen Olympischen Spiele. Eingehend schildert er die griechische Kolonisation des Mittelmeerraumes, die Zeit der Tyrannis (Alleinherrschaft) und zahlreiche Kriege. Geschichtsinteressierte Leser finden hier ein komplexes und aufschlussreiches Werk!

128 Seiten • Taschenbuch (Paperback)
EUR 10,90 • ISBN 978-3-940281-39-5